辽宁

基础教育

2016 | 2025 年

改革发展现状

研究与趋势展望

孟宪彬 ◎ 主编

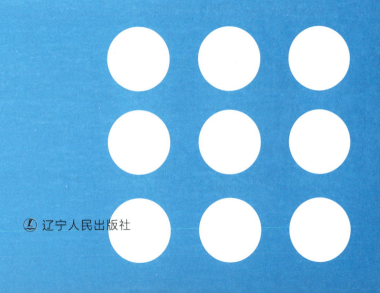

辽宁人民出版社

图书在版编目（CIP）数据

辽宁基础教育改革发展现状研究与趋势展望：2016—2025年 / 孟宪彬主编. —沈阳：辽宁人民出版社，2023.3
ISBN 978-7-205-10661-4

Ⅰ．①辽… Ⅱ．①孟… Ⅲ．①基础教育－教育改革－研究报告－辽宁－2016-2025 Ⅳ．①G639.21

中国版本图书馆CIP数据核字(2022)第216757号

出版发行：辽宁人民出版社
　　　　地址：沈阳市和平区十一纬路25号　　邮编：110003
　　　　电话：024-23284321（邮　购）　024-23284324（发行部）
　　　　传真：024-23284191（发行部）　024-23284304（办公室）
　　　　http://www.lnpph.com.cn
印　　刷：沈阳绿洲印刷有限公司
幅面尺寸：170mm×240mm
印　　张：14.5
字　　数：250千字
出版时间：2023 年 3 月第 1 版
印刷时间：2023 年 3 月第 1 次印刷
责任编辑：张天恒　王晓筱
装帧设计：山月设计
责任校对：吴艳杰
书　　号：ISBN 978-7-205-10661-4

定　　价：68.00元

目 录

第五章　特殊教育和民族教育改革发展得到切实保障

第六章　基础教育课程改革和素质教育全面实施

绪　论

　　"十三五"期间，辽宁省委省政府把办好每一所学校、教好每一名学生作为履行教育职责的根本内涵要义和办好人民满意教育的核心价值，通过聚焦关键、强化统筹、保障投入、完善机制、促进公平等系列有效举措，创造性地推进基础教育事业高质量发展，在满足学生"有学上"的基础上，不断满足其"上好学"的愿望，学前教育、义务教育、普通高中教育、特殊教育和民办教育的办学水平与教育教学质量全面提升，公平程度显著提高，开始迈上优质均衡高质量发展的新征程，为实现辽宁教育现代化奠定了坚实基础。

一、高水平高质量普及学前三年到高中阶段 15 年教育的战略目标为实现全纳、公平、有质量的教育现代化国际愿景奠定了坚实的基础

　　2015 年，联合国教科文组织发布了《教育 2030 年行动框架》，提出了"迈向全纳、公平、优质的教育，促进全民享有终身学习机会"的战略目标，对基础教育的全纳性、公平性和质量保障提出了明确的期望和要求。在《国家中长期教育改革和发展规划纲要（2010—2020 年）》的框架下，《辽宁省中长期教育改革和发展规划纲要（2010—2020 年）》（以下简称《纲要》）提出了到 2020 年"高水平高质量普及学前三年到高中阶段的 15 年教育，实现人人享受良好教育"的阶段性战略目标。10 多年来，辽宁省各级政府充分认识到基础教育在保障和改善民生、提高民族素质、培养各类人才、促进社会主义现代化建设中的全局性、基础性和

先导性作用，坚持优先发展基础教育，并将其作为促进社会公平的奠基事业，纳入民生工程，为基础教育的全面、协调、可持续发展提供了良好条件。全省基础教育战线也抢抓机遇，攻坚克难，按照国家和省中长期教育改革与发展规划纲要目标，以提高全民素质基础为出发点，以办好人民满意的基础教育为落脚点，把促进教育公平作为建设和谐辽宁的重要内容，着眼于人民群众对基础教育规模、布局、质量和多样化的需求，在继续推进义务教育县域内均衡、优质发展的同时，把普及、规范学前教育，优质特色发展普通高中教育作为重要任务，着力破解教育改革发展中的热点、难点和痛点问题，全力提升基础教育办学水平和教育质量。到 2020 年，学前三年毛入园率达到 88.6%，九年义务教育巩固率达到 97.4%，高中阶段教育毛入学率达到 97.1% 以上；学前教育实现普及和规范发展，义务教育率先全域实现县域基本均衡发展，高中教育实现优质特色发展。把高质量发展作为新时代基础教育改革发展的核心任务，在继续推进学校标准化硬件建设的基础上，鼓励学校加强内涵建设，办出特色、办出水平，满足人民群众日益增长的高水平高质量基础教育的热切期盼和需求，这是推动基础教育持续健康发展、将基础教育引向新阶段的必然选择和主要途径，更是全面实现教育现代化的重要内容和历史使命。

二、聚焦关键环节，直面百姓关切，着力解决基础教育各个学段在现代化进程中改革发展的热点、难点和痛点问题

"十三五"期间，辽宁省把破解基础教育的热点难点问题作为惠民生、促公平、保和谐的重要内容，坚持底部攻坚，从改善薄弱环节入手，大力发展农村教育，大幅改善办学条件，不断提高基础教育质量。根据基础教育各阶段发展基础不同、水平不均衡的现状，在"高水平高质量"的总体目标下，提出了各阶段发展的侧重点。

针对学前教育基础相对薄弱、教育资源和投入不足、体制机制不完善、办园不规范等问题，把发展学前教育作为贯彻国家教育方针和落实省《纲

要》的突破口与紧迫任务，重点放在普及、普惠和规范三个方面，提出"全面普及学前教育，构建覆盖城乡、布局合理的学前教育公共服务体系，保障适龄儿童接受基本的、有质量的学前教育"的目标要求。同时，把发展学前教育作为基本公共服务体系建设的重要内容，制定并实施三轮"辽宁省学前教育三年行动计划"，即《辽宁省学前教育三年行动计划（2011—2013 年）》《辽宁省第二期学前教育行动计划（2014—2016 年）》《辽宁省第三期学前教育行动计划（2017—2020 年）》，统称为三轮"辽宁省学前教育三年行动计划"。将"扩资源、调结构、建机制、提质量"作为中心任务，强调落实各级政府责任，坚持政府主导、社会参与，多种形式扩大普惠、有质量的学前教育资源，加强学前教育投入和管理，倡导科学育儿，在基本满足"有园上"的同时，逐步解决"入园贵"和"上好园"的问题。为落实党中央、国务院治理城镇小区配套幼儿园的重大决策部署，圆满完成涉及人民群众切身利益的重大民生工程，2019 年 4 月，辽宁省人民政府办公厅发布《辽宁省城镇小区配套幼儿园治理工作方案》，规定小区配套幼儿园应办成公办幼儿园或委托办成普惠性民办幼儿园，不得办成营利性幼儿园，并对幼儿园的普惠实效及质量提升进行动态监管，不断提高学前教育公益普惠水平，努力满足人民群众对幼有所育的期盼。

针对义务教育仍然存在校际、城乡和区域差距，还不能满足所有学生"上好学"愿望的实际，把县域内均衡发展作为义务教育的重点任务，实施《辽宁省县（市、区）域内义务教育均衡发展推进计划》，通过统一义务教育学校生均公用经费标准，全面推进义务教育学校标准化建设，不断改善农村义务教育薄弱学校和教学点办学条件；通过创新教师补充、培训、交流、激励机制，推动区域内中小学校长和教师队伍建设；通过实施小学划片就近入学、初中对口直升、省示范性普通高中和省重点高中招生指标分配到区域内初中等政策，合理划定招生范围，实行学区制管理、阳光招生、阳光分班、合理排座以及集团化办学等有效举措，破解"择校热"难题；从政治和全局的高度充分认识规范办学行为和"双减"工作的重要性，出台系列文件，严格依法行政、依法办学、依法执教，坚持全面规范与专项治理相结合，严格控制学生在校学习时间和作业量，坚决查处学校和在职教师有偿补课行为，全面系统治理整顿和监管校外培训机构，努力减轻学生过重的课业负担，全力营造良好教育环境。

针对普通高中教育规模迅速扩大、优质教育资源不足、缺乏办学活力和特色的问题，不能满足新高考新课改的新要求和更多学生上好学校的强烈需求，辽宁省把优质特色和育人方式改革作为高中教育发展的重点，以加强示范性普通高中建设为核心，以推进普通高中特色建设为突破口，以提升一般普通高中和县域普通高中办学条件与教育质量为基础，以深化课程改革为载体，大力推进普通高中标准化建设和多样化发展。实施"四大工程"，包括示范性普通高中建设工程、特色普通高中建设工程、扶持一般普通高中质量提升工程、普通高中教育教学改革典型校建设工程，力求把省内每一所高中都办出特色、做成品牌。全省初步形成了以省级示范性高中、特色高中、教育教学改革典型校引领普通高中整体多样化特色发展的新格局。积极探索育人方式改革新途径，着力发展德育、人文、美育、体育、劳动教育、科技和国际化等七大领域特色普通高中，鼓励优质普通高中规模化、集团化发展，逐步满足学生多样化选择和个性化的成长需求。

三、以人民群众的获得感为评判标准，基础教育改革创新高质量发展全面深入推进

"十三五"期间，全省紧紧围绕"办人民满意的教育"根本目标，坚持以全纳性、公平性、差异性、开放性和信息化为基础教育现代化的主要特征，坚持初心引领、使命担当，在现代化的学生观、教师观、人才观和环境观的指引下，努力在基层党建、基础教育普惠均衡优质和多样化特色发展，教师队伍建设等关键环节和重点领域不断改革创新，稳步推动教育事业高质量发展。

　　基层党建工作扎实开展,党对教育工作的全面领导进一步得到加强。全省教育系统坚持用习近平新时代中国特色社会主义思想武装头脑,坚持党对教育工作的全面领导,按照中央和省委部署,不断健全党的基层组织体系,加强各级各类学校党组织建设,以规范化建设为抓手,以党支部标准化建设为重点,筑牢基层战斗堡垒,加强党员教育管理,引导广大师生立足岗位当先锋、做贡献。

　　坚持补齐教育民生短板,城乡教育一体化发展逐步推进。全省各地聚焦教育改革发展中人民群众关心的热点、难点问题和短板,认真落实脱贫攻坚政治任务,统筹教育资源,实施乡村小规模学校和乡村寄宿制学校建设底部攻坚战,全力推进精准脱贫攻坚,努力改善农村中小学办学条件,全面推进基础教育课程改革和内涵发展,促进城乡一体化均衡发展。多种形式集团化办学,促进城乡义务教育一体化发展迈出新步伐。

　　积极应对素质教育、新课程和新高考改革,"五育并举"人才培养理念进一步得到落实。各地各校以推进素质教育为着眼点,把思想政治工作贯穿教育教学全过程,不断加强学校体育、美育、劳动教育工作,切实开展校外实践活动,培养学生关键能力,提高学生综合素质,全面推进基础教育课程改革,有效落实立德树人根本任务。为适应新课程和新高考改革,全力实施《高中阶段教育普及攻坚计划》,改善办学条件,提升办学质量,促进学校多样化特色化发展,为学生提供更多的选择机会,加快应试教育向素质教育转变的步伐。

　　适应新时代教育改革发展,各级各类教师队伍建设迈上新台阶。全面贯彻落实国家及省相关文件要求,不断加强师德师风建设,开展全员培训,遴选教学名师和骨干校长,加大人才引进力度,培养高素质教师队伍,适应新时代教育改革发展需求。开展师德师风监督考核,对触犯师德红线行为坚持"零容忍";拓宽教师补充渠道,扩大教师直招范围,多措并举确保教师质量;在教师队伍适应时代发展上下功夫,着力建好校长、教师和教研员三支队伍;五育并举,不断提高教师师德师风和职业素养,积极营造良好的人才发展氛围,为学校改革发展提供强有力的人才保障。

四、坚持科学规范治理，人民群众对基础教育满意度进一步提升

辽宁省始终从政治和全局的高度重视基础教育事业发展，全力营造良好教育环境。"十三五"期间，全省坚持以人民群众的满意度为评价标准，通过加大公办普惠性幼儿园建设力度，加强小区配套幼儿园综合治理，解决了"入园难""入园贵"问题。通过合理划定义务教育招生范围，集团化办学，学区制管理，规范入学手续，实行阳光招生、阳光分班、合理排座等举措，使义务教育学校办学更加公平，治理"择校热"取得实质性突破。同时，严格控制学生在校学习时间和作业量，坚决查处学校和在职教师有偿补课行为，努力减轻学生过重的课业负担，规范办学行为工作逐步赢得了家长的理解和支持，为人民群众创造了非常满意的基础教育发展环境。2020年中国教科院对全国31个省份306个县（市、区）的3017所幼儿园和中小学校进行了8万多人参与的基础教育满意度调查，结果显示，辽宁省学生和家长的总体满意度以及对教育公平感知、教育质量感知和教育期望的满意度均高于全国平均值，每一个维度得分均比全国平均值高出1分以上，其中，教育期望得分高出全国平均值最多，有2.12分；教育质量感知得分高出全国平均值最少，也有1.56分。教育质量感知的五大维度得分均高于全国平均值1分以上，学生发展得分高出全国平均值最多，有1.73分；课程教学得分高出全国平均值最少，也有1.68分。教育公平感知的三大维度得分也都高出全国平均值1分以上，校际公平得分高出全国平均值最多，有2.66分；校内公平得分高出全国平均值最少，也达到了1.74分。（相关数据见表1—表4）

表1 人民群众教育总体满意度指数及相关指数情况

（单位：%）

项 目	总体满意度	教育公平感知	教育质量感知	教育期望
辽宁省	85.65	80.38	86.25	84.78
全国	83.79	78.39	84.69	82.66
高出全国	1.86	1.99	1.56	2.12

表 2　人民群众教育质量感知二级维度情况

（单位：%）

项 目	办学条件	学校管理	师资质量	课程教学	学生发展
辽宁省	85.01	87.00	90.70	85.03	84.30
全国	83.55	85.64	89.21	83.35	82.57
高出全国	1.46	1.36	1.49	1.68	1.73

表 3　人民群众教育公平感知二级维度情况

（单位：%）

项 目	校际公平	校内公平	机会公平
辽宁省	74.77	85.76	73.33
全国	72.11	84.02	71.26
高出全国	2.66	1.74	2.07

表 4　高中生教育总体满意度指数及相关指数情况

（单位：%）

项 目	总体满意度	教育公平感知	教育质量感知	教育期望
辽宁省	74.78	74.34	73.36	73.01
全国	70.62	68.76	68.31	69.78
高出全国	4.16	5.58	5.05	3.23

五、守正初心，担当使命，加快推进辽宁基础教育现代化

教育是党的事业发展的重要保证，是国家兴旺发达的根本基石，是民族振兴的奠基工程。习近平总书记在党的十九大报告中对教育工作作出了全面部署，明确提出了社会主义教育事业的总方向，重申了"优先发展教育事业"的总战略，明确了"深化教育改革，加快教育现代化，办好人民满意的教育"的总要求，明确了"全面贯彻党的教育方针，落实立德树人根本任务，发展素质教育，推进教育公平，培养德智体美劳全面发展的社会主义建设者和接班人"的总任务。把教育摆在优先发展的战略地位，是建设社会主义强国的需要，是促进教育公平、改善民生的需要。教育是国之大计、党之大计，推动辽宁教育现代化建设，必须

把握辽宁全面振兴、全方位振兴的新要求，全面提升教育支撑引领经济社会发展的能力和水平；必须把握辽宁教育进入新时代的新特点，推动全省教育夯实基础、促进公平、创新模式、提高质量。而当务之急，就是有针对性地破解我省教育发展中存在的各种问题，增强广大人民对教育改革发展成果的获得感。"十三五"期间是辽宁教育现代化建设的重要阶段，全省大力发展普惠性学前教育，制定和实施《辽宁省关于学前教育深化改革规范发展的实施意见》，推进学前教育普及普惠安全优质发展。全面促进义务教育城乡一体化发展，出台《辽宁省进一步推进县域内城乡义务教育一体化发展实施方案（2019—2022 年）》，加快建立以城带乡、城乡一体、整体推进的义务教育均衡发展机制。促进普通高中多样化有特色发展，出台和实施《关于普通高中多样化有特色发展的指导意见》，推动普通高中多样化特色发展，全面提升教育质量和办学水平。促进教师队伍高素质发展，落实《关于全面深化新时代教师队伍建设改革的意见》和《辽宁省全面深化新时代教师队伍建设改革的实施意见》，出台《辽宁省关于深化教师管理制度改革的意见》，建设一支高素质教师队伍。加强党对教育工作的全面领导，全面贯彻落实党的教育方针。

走进新时代，展现新作为，奋力谱写辽宁基础教育改革发展新篇章。"十四五"时期，是全国建设教育现代化的加速期，更是辽宁省基础教育高质量发展的关键期，需要继续坚持以办好人民满意的教育为根本宗旨，以深化改革为根本动力，以提高育人质量为主线，以加强党的建设为根本保证，努力在扩增优质教育资源上取得新突破，在深化教育教学改革上取得新进展，在提升管理能力和服务水平上取得新成效，满足人民群众对优质教育和教育公平的期盼，为 2035 年辽宁省基本实现教育现代化打下决定性基础。在党中央国务院和教育部以及省委、省政府的正确领导下，全省教育战线将继续坚持解放思想、开拓创新、求真务实、攻坚克难，努力开创全省基础教育事业发展新篇章，为实现教育现代化，服务辽宁全面振兴全方位振兴和中华民族伟大复兴做出新的贡献。

第一章

"十三五"期间
辽宁基础教育事业发展分析

基础教育是国民教育体系的基石，是整个基本公共教育服务体系中覆盖面最广、战线最长、影响力最大的关键部分，是为人的终身学习和发展奠定良好素质基础的重要阶段。教育现代化是整个经济社会现代化的重要组成部分，教育现代化的核心是教育观念的现代化，最终目标是培养现代化的人，只有培养和提高人的现代化水平，才能真正实现教育现代化。基础教育现代化是教育现代化的重要内容，是教育现代化的基石，没有基础教育的现代化就不可能实现教育现代化。一直以来，党和国家高度重视基础教育的改革发展，在推进教育现代化进程中，始终把基础教育的改革发展作为国家教育改革发展的重要战略，着重加以推进。辽宁省坚持以习近平新时代中国特色社会主义思想为指导，深入贯彻党的十八大、十九大和习近平总书记关于教育的重要论述与批示指示精神，全面落实党的教育方针和党中央、国务院及教育部的重大决策部署，紧紧围绕新时代辽宁全面振兴、全方位振兴的重点任务，坚持把教育摆在优先发展地位，把服务经济社会发展全局作为重要使命，不断深化教育改革、推进教育公平、发展素质教育、提升教育质量、加快推进教育现代化，全省基础教育事业发展水平进一步提升，教育现代化步伐不断推进。

第一节

学前教育事业发展分析

"十三五"期间，辽宁省先后出台多项政策支持学前教育事业发展，从全国来看，辽宁省率先出台了《辽宁省学前教育条例》，并通过实施《辽宁省学前教育三年行动计划》，推进幼儿园新建、改扩建工程，加强普惠性幼儿园建设等多项措施，促使辽宁学前教育事业迅速发展，学前教育资源不断扩大，经费投入逐年增加，师资队伍总量及素质不断提高，为"十四五"时期的发展打下良好基础，基本构建了覆盖城乡、布局合理的学前教育公共服务体系，保障了适龄儿童接受基本的、有质量的学前教育。

一、学前教育普及程度

2016—2020 年，辽宁学前教育普及率呈现出先升后降的趋势。在园幼儿数从 2016 年的 91.3 万人，先提升至 2017 年的 95.4 万人，然后逐步回落至 2020 年的 86 万人，降幅为 5.77%；学前三年毛入园率在 2016—2017 年保持平稳，之后开始逐年回落，从 2016 年的 93.4%，降至 2020 年的 88.6%，降幅为 4.8%。

由于近年来国家及政府对学前教育的重视，全国学前三年毛入园率迅速提升，从 2016 年的 77.40% 提升至 2020 年的 85.20%，提升了 7.80%，增幅为 10.08%，见表 1-1。

表 1-1　2016—2020 年辽宁省在园幼儿数及学前三年毛入园率与全国比较

项目	2016年	2017年	2018年	2019年	2020年	2020年比2016年增减数量	2020年比2016年增长比例(%)
在园幼儿数（人）	912720	953947	913415	915065	860086	-52634	-5.77
辽宁学前三年毛入园率（%）	93.40	93.40	91.20	90.50	88.60	-4.80	-5.14
全国学前三年毛入园率（%）	77.40	79.60	81.70	83.40	85.20	7.80	10.08

数据来源：《辽宁省教育统计年鉴（2016—2020 年）》《全国教育事业发展统计公报（2016—2020 年）》《中国儿童发展纲要(2011—2020 年)》终期统计监测报告。

注：学前三年毛入园率是指正在接受学前教育的在园幼儿数占本地区学前阶段学龄人口（3 至 5 周岁）的比例。

与全国相比，辽宁近年受到经济发展放缓及疫情影响较大，学前教育普及率有所下降，但2020年学前三年毛入园率仍高于全国3.40%。从辽宁各市学前三年毛入园率来看，大连、沈阳学前三年毛入园率居于全省前列，营口、辽阳、铁岭在全省排名靠后，见表1-2。

表1-2 2020年辽宁省各市学前三年毛入园率

（单位：%）

城市	沈阳	大连	鞍山	抚顺	本溪	丹东	锦州	营口	阜新	辽阳	铁岭	朝阳	盘锦	葫芦岛
毛入园率	96.8	105.2	90.3	90.1	94.7	90.9	90.0	75.6	91.1	72.7	63.9	93.0	90.4	80.4

数据来源：《辽宁省教育统计年鉴（2020年）》。

二、学前教育办园条件

（一）幼儿园办园规模相对稳定

1. 幼儿园办园规模相对稳定，民办幼儿园占较大比例

2016—2020年，辽宁省幼儿园总体数量呈先增后降的趋势。2016年，辽宁共有幼儿园10133所，到2017年达到10793所，随后逐年下降，截止到2020年辽宁共有幼儿园9470所。"十三五"期间，新建、改扩建公办幼儿园不断增多，辽宁公办幼儿园的数量稳步增加，到2020年辽宁公办幼儿园2776所，比2016年增加了23所，增幅为0.84%，民办幼儿园6694所，比2016年减少了686所，降幅为9.30%，相关数据见表1-3。

表1-3 2016—2020年辽宁省幼儿园数量变化情况

（单位：所）

项目	2016年	2017年	2018年	2019年	2020年	2020年比2016年增减数量（所）	2020年比2016年增长比例（%）
总计	10133	10195	10090	9903	9470	−663	−6.54
公办幼儿园	2753	2735	2688	2583	2776	23	0.84
民办幼儿园	7380	7460	7402	7320	6694	−686	−9.30

近年来，在学前教育公益普惠的政策推动下，辽宁公办幼儿园比例逐年增加，民办幼儿园比例逐年减少，但总量上民办幼儿园仍占有较大比例。到 2020 年，辽宁省共有公办幼儿园 2776 所，占全体办园总数的 29.30%，民办幼儿园 6694 所，占总数的 70.70%，见图 1-1。从各市公办幼儿园与民办幼儿园比例来看，锦州的公办幼儿园比例最高，营口、盘锦公办幼儿园比例较低，相关数据见表 1-4。

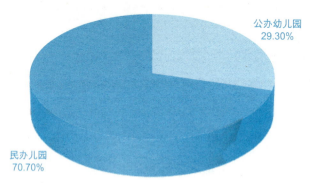

数据来源：《辽宁省教育统计年鉴（2016—2020 年）》。

图 1-1 2020 年辽宁公办幼儿园和民办幼儿园比例

表 1-4 2020 年辽宁省各市幼儿园数量情况（单位：所）

城市	沈阳	大连	鞍山	抚顺	本溪	丹东	锦州
办园总数	1548	1307	910	441	272	427	614
公办幼儿园	409	457	243	100	77	119	271
民办幼儿园	1139	850	667	341	195	308	343
公办比例（%）	26.42	34.97	26.70	22.68	28.31	27.87	44.14
城市	营口	阜新	辽阳	铁岭	朝阳	盘锦	葫芦岛
办园总数	629	422	494	656	872	321	557
公办幼儿园	117	117	115	184	344	69	154
民办幼儿园	512	305	379	472	528	252	403
公办比例（%）	18.60	27.73	23.28	28.05	39.45	21.50	27.65

数据来源：《辽宁省教育统计年鉴（2020 年）》。

（二）幼儿园办园条件不断改善，各项指标呈逐年增长态势

幼儿园的办园条件是学前教育质量的重要构成要素，直接影响着幼儿的生活、学习和发展。"十三五"期间，辽宁幼儿园办园条件不断提高，各项指标均呈现逐年增长态势。

1. 幼儿园总面积及占地、建筑面积等指标逐年增加

2016—2020 年，辽宁幼儿园的占地面积和校舍面积均呈不断增加的趋势，见表 1-5。截止到 2020 年，辽宁幼儿园占地面积达到 1552 万平方米，比 2016 年的 1329 万平方米增加了 223 万平方米，增幅为 16.75%；校舍面积达到了 888 万平方米，比 2016 年的 684 万平方米增加了 204 万平方米，增幅为 29.81%；教学及行政用房为 669 万平方米，比 2016 年的 474 万平方米增加了 195 万平方米，增幅为 41.03%；生活及其他用房为 219 万平方米，比 2016 年的 163 万平方米增加了 56 万平方米，增幅为 34.48%；户外活动场地为 584 万平方米，比 2016 年的 501 万平方米增加了 83 万平方米，增幅为 16.52%。

表 1-5 2016—2020 年辽宁省幼儿园办园条件变化情况

（单位：平方米）

项目	占地面积	校舍面积	教学及行政用房	生活及其他用房	户外活动场地
2016 年	13290294	6838337	4742610	1627237	5007837
2017 年	13928852	7310155	5073479	1744868	5231560
2018 年	14427158	7902969	5454789	1904066	5447928
2019 年	14964773	8400679	5787448	2045149	5608274
2020 年	15515991	8876703	6688412	2188290	5835150
2020 年比 2016 年增减数量	2225697	2038366	1945802	561053	827313
2020 年比 2016 年增减比例（%）	16.75	29.81	41.03	34.48	16.52

数据来源：《辽宁省教育统计年鉴（2016—2020 年）》。

2. 生均学前教育资源逐年增加

从生均拥有学前教育资源来看，截止到 2020 年，辽宁省幼儿园生均占地面积 18.04 平方米，比 2016 年增加了 3.48 平方米，增幅为 23.90%；生均校舍面积 10.32 平方米，比 2016 年增加了 2.83 平方米，增幅为 37.78%；生均教学及行政用房 7.78 平方米，比 2016 年增加了 2.58 平方米，增幅为 49.62%；生均生活及其他用房 2.54 平方米，比 2016 年增加了 0.76 平方米，增幅为 42.70%；生均户外活动场地 6.78 平方米，比 2016 年增加了 1.29 平方米，增幅为 23.50%，相关数据见表 1-6。总体上看，"十三五"期间，辽宁省幼儿生均办园条件在逐步改善，其中生活及其他用房、生均校舍面积、教学及其他用房增幅较大。

表 1-6 2016—2020 年辽宁省幼儿园生均办园条件变化情况

（单位：平方米）

项目	生均占地面积	生均校舍面积	生均教学及行政用房	生均生活及其他用房	生均户外活动场地
2016 年	14.56	7.49	5.20	1.78	5.49
2017 年	14.60	7.66	5.32	1.83	5.48
2018 年	15.79	8.65	5.97	2.08	5.96
2019 年	16.35	9.18	6.32	2.23	6.13
2020 年	18.04	10.32	7.78	2.54	6.78
2020 年比 2016 年增减数量	3.48	2.83	2.58	0.76	1.29
2020 年比 2016 年增减比例（%）	23.90	37.78	49.62	42.70	23.50

数据来源：《辽宁省教育统计年鉴（2016—2020 年）》。

（三）幼儿园教育教学资源不断丰富，图书总量和生均图书量不断增加

"十三五"期间，辽宁省幼儿园教育教学资源不断丰富，其中图书总量和生均图书量都在不断增加，见表 1-7。截止到 2020 年，辽宁省幼儿园图书总量达到了 8794839 册，比 2016 年的 7493736 册增加了

1301103册,增幅为17.36%;生均图书达到了10.23本,比2016年时的8.21本增加了2.02本,增幅为24.54%。

表1-7 2016—2020年辽宁省幼儿园图书数量

(单位:册)

项目	2016年	2017年	2018年	2019年	2020年	2020年比2016年增减数量	2020年比2016年增长比例(%)
图书总量	7493736	8020577	8318119	8508634	8794839	1301103	17.36
生均图书	8.21	8.41	9.11	9.30	10.23	2.02	24.54

数据来源:《辽宁省教育统计年鉴(2016—2020年)》。

三、幼儿园师资队伍

(一)幼儿园教职工总数逐年增长,保健医和保育员增幅最大

"十三五"期间,辽宁幼儿园教职工总量呈现出逐年增长的态势,见表1-8。截止到2020年,辽宁幼儿园教职工总数为129559人,比2016年的108441人增加了21118人,增幅为19.47%;幼儿园园长10566人,比2016年10009人增加了557人,增幅为5.56%;专任教师75919人,比2016年66162人增加了9757人,增幅为14.75%;保健医2824人,比2016年1863人增加了3961人,增幅为51.58%;保育员22727人,比2016年15949人增加了6778人,增幅为42.50%;其他人员17523人,比2016年的14458人增加了3065人,增幅为21.20%。

表1-8 2016—2020年辽宁省学前教育教职工及专任教师数量情况

(单位:人)

	2016年	2017年	2018年	2019年	2020年	2020年比2016年增减数量	2020年比2016年增长比例(%)
教职工总计	108441	114466	120634	127938	129559	21118	19.47
园长	10009	10522	10708	10785	10566	557	5.56
专任教师	66162	69577	72509	75648	75919	9757	14.75
保健医	1863	1894	2008	2641	2824	961	51.58
保育员	15949	17524	19065	21740	22727	6778	42.50
其他人员	14458	14949	16264	17124	17523	3065	21.20

数据来源:《辽宁省教育统计年鉴(2016—2020年)》。

（二）专任教师学历呈逐年提升态势，专科及以上学历为师资队伍主体

"十三五"期间，辽宁省幼儿园专任教师学历状况呈逐年上升态势，见表1-9。研究生学历教师由2016年的369人增长至2020年的448人，增幅21.41%；本科学历教师增长幅度最大，由2016年的13189人增长至2020年的18942人，增幅达43.62%；专科学历教师由2016年44225人增长至2020年的51684人，增幅16.87%；高中学历教师人数进一步减少，由2016年的15944人降至2020年的12990人，降幅为18.53%；高中以下学历教师人数由2016年的2444人降至2020年的2421人，降幅为0.94%。从数据来看，当前辽宁省幼儿园师资队伍的整体学历仍以专科学历为主，占专任教师总数的59.76%；研究生和本科学历教师逐年增加，占比达到22.42%；高中学历的幼儿教师所占比例逐年降低，达到15.02%；高中以下学历仅占2.80%，且呈现逐年减少态势。总体上看，"十三五"期间辽宁省学前专任教师学历不断提高，逐年上升，到2020年，辽宁学前教育阶段教师专科及以上学历达到82.18%。

表 1-9 2016—2020 年辽宁省学前教育专任教师学历情况

（单位：人）

	2016年	2017年	2018年	2019年	2020年	2020年比2016年增减数量	2020年比2016年增长比例（%）
研究生	369	393	432	453	448	79	21.41
本科	13189	14569	16152	17612	18942	5753	43.62
专科	44225	47032	48899	51272	51684	7459	16.87
高中	15944	15592	15140	14410	12990	-2954	-18.53
高中以下	2444	2513	2594	2686	2421	-23	-0.94
合计	76171	80099	83217	86433	86485	10314	13.54
专科及以上学历专任教师	57783	61994	65483	69337	71074	13291	23.00
大专以上学历专任教师所占比例（%）	75.86	77.40	78.69	80.22	82.18	6.32	8.33

数据来源：《辽宁省教育统计年鉴（2016—2020 年）》。

（三）幼儿园的生师比逐年下降，已接近国家相关标准

生师比主要是指幼儿园的在园幼儿数与幼儿园教职工及幼儿专任教师数的比例。2020年，辽宁省幼儿与专任教师的比例为12.00∶1，比2016年的13.77∶1降低了1.77，降幅为12.85%；幼儿与教职工的比例为7.03∶1，比2016年的8.40∶1降低了1.37，降幅为16.10%；幼儿与全体保教人的比例为9.23∶1，比2016年的11.09∶1降低了1.86，降幅为16.77%，见表1-10。从总体上看，"十三五"期间，辽宁省幼儿园生师比逐渐趋向合理，接近国家《幼儿园教职工配备标准（暂行）》中提出幼儿与全园教职工比例标准7∶1，及全园保教人员与幼儿比例9∶1的相关要求。

表1-10　2016—2020年辽宁省幼儿园生师比情况

项目	2016年	2017年	2018年	2019年	2020年	2020年比2016年增减数量	2020年比2016年增长比例（%）
幼儿与教职工的比例	8.40∶1	7.96∶1	7.55∶1	7.12∶1	7.03∶1	−1.37	−16.10
幼儿与专任教师的比例	13.77∶1	13.09∶1	12.56∶1	12.04∶1	12.00∶1	−1.77	−12.85
幼儿与保教人员的比例	11.09∶1	10.46∶1	9.95∶1	9.35∶1	9.23∶1	−1.86	−16.77

数据来源：《辽宁省教育统计年鉴（2016—2020年）》

四、学前教育经费保障

"十三五"期间，从中央到地方对学前教育的重视程度不断加强，为解决"入园难"问题，各地纷纷新建、改扩建幼儿园，学前教育的经费投入实现了大幅增长。从统计数据来看，不论是投入的绝对量，还是相对比例，"十三五"期间辽宁学前教育经费总投入都呈逐年增长趋势，只有在2020年，受疫情影响，很多幼儿园长时间未能开园，导致学前教育收费及投入出现了下降，见表1-11。从统计数据来看，2016—2019年，辽宁省学前教育经费总投入逐年增加，2019年辽宁幼儿园教育经费总投入76.13亿元，比2016年的58.74亿元增加17.39亿元，增幅为

29.62%；2020 年受疫情影响学前教育经费总投入为 55.07 亿元，较 2019 年的 76.13 亿元减少了 21.06 亿元，降幅为 27.66%。

表 1-11　2016—2020 年辽宁省学前教育经费情况

项目	2016年	2017年	2018年	2019年	2020年	2019年比2016年增长比例（%）	2020年比2016年增减数量（亿元）	2020年比2016年增长比例（%）
经费总投入（亿元）	58.74	63.94	69.77	76.13	55.07	29.62	−3.67	−6.24
中央（亿元）	1.26	1.09	0.91	0.87	0.35	−30.82	−0.91	−72.05
地方（亿元）	57.48	62.85	68.86	75.26	54.72	30.94	−2.76	−4.81

数据来源：《辽宁省教育统计年鉴（2016—2020 年）》。

"十三五"期间，辽宁学前教育经费总投入中的中央投入部分是逐年下降的。在"十三五"初期，中央投入了大量资金带动地方学前教育发展，随着地方新建、改扩建幼儿园工作的逐步推进，地方学前教育投入不断增加，中央学前教育经费投入逐渐减少，到 2020 年中央经费总投入 0.35 亿元，比 2016 年的 1.26 亿元减少了 0.91 亿元，降幅为 72.05%；在中央学前教育经费投入下降的同时，辽宁地方学前教育经费投入逐年稳步上升，从 2016 年的 57.48 亿元增加至 2019 年的 75.26 亿元，增加了 17.78 亿元，增幅为 30.93%；2020 年辽宁学前教育地方经费总投入受疫情影响降至 54.72 亿元，较上一年减少了 20.54 亿元，降幅为 27.29%。截至 2020 年，在经费投入比例上，地方经费支出占比 99.36%，中央学前教育经费投入占比仅为 0.64%。

第二节

义务教育事业发展分析

"十三五"期间，辽宁省委省政府以义务教育发展基本均衡县（市、区）国家评估验收为契机，以办好人民满意的教育为根本目标，在国民经济发展过坎爬坡的最低迷最艰难阶段，坚持优先发展教育的基本原则，不断强化政府统筹，加大投入保障力度，聚焦关键环节，完善工作机制，创造性地采取有效举措，促进教育公平，推进义务教育均衡发展。义务教育普及程度、办学条件和办学水平、教育教学质量全面提升，县域均衡发展再上新台阶，2019年9月全省整体通过义务教育发展基本均衡县（市、区）国家评估验收，开始迈上优质均衡发展的新征程，为实现教育现代化奠定了坚实基础。

一、义务教育普及程度

（一）入学率和升学率小学整体没有变化，初中有升有降，各项指标与全国平均水平差别不明显

"十三五"期间，辽宁省小学和初中的毛入学率一直保持在100%以上，但在5年内有升有降，2018年降到最低点，分别为100.30%和101.10%，比2016年分别降低了0.10%和0.80%，见图1–2。2020年，小学和初中的毛入学率分别上升到100.40%和104.60%，小学入学率与2016年持平，均为100.40%，初中比2016年的101.90%提升2.70%。总体来看，升学率有升有降，升降幅度不大，小学升学率没有变化，2016年和2020年都是99.80%，而初中升学率呈现下降趋势，2020年降到最低点，为93.40%，比2016年的94.80%降低了1.40%。

与全国平均水平比较，辽宁小学净入学率除了2017年高于全国平均水平0.01%外，其余4年均低于全国平均水平，2020年最低，低于全国平均水平0.08%，见表1–12。辽宁初中毛入学率2018年开始高于全国平

均水平，2020 年最高，高于全国平均水平 2.10%。升学率国家数据统计到 2019 年，辽宁省小学升学率连续 4 年高于全国平均水平，初中升学率 2017 年开始低于全国平均水平，2019 年最低，低于全国平均水平 0.30%。

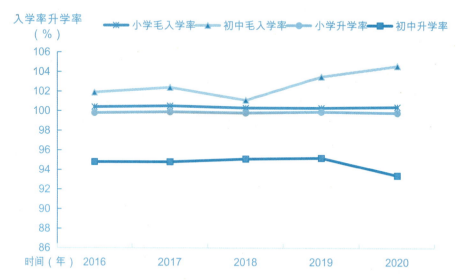

数据来源：《辽宁省教育统计年鉴（2016—2020 年）》。

图 1-2 "十三五"期间辽宁省中小学教育普及情况

表 1-12 2016—2020 年辽宁省九年义务教育普及程度与全国比较

（单位：%）

项目		2016 年	2017 年	2018 年	2019 年	2020 年
辽宁入学率	小学（净）	99.90	99.92	99.91	99.87	99.88
	初中（毛）	101.9	102.4	101.1	103.5	104.6
全国入学率	小学（净）	99.92	99.91	99.95	99.94	99.96
	初中（毛）	104.0	103.5	100.9	102.6	102.5
辽宁升学率	小学	99.8	99.9	99.8	99.9	99.8
	初中	94.8	94.8	95.1	95.2	93.4
全国升学率	小学	98.7	98.8	99.1	99.5	—
	初中	93.7	94.9	95.2	95.5	—

数据来源：《辽宁省教育统计年鉴（2016—2020 年）》。

（二）九年义务教育巩固率逐年稳步提升

2016—2020 年辽宁省九年义务教育巩固率依次为 97.20%、97.20%、97.30%、97.30%、97.40%，全国九年义务教育巩固率依次为 93.40%、93.80%、94.20%、94.80%、95.20%，辽宁省分别高于全国平均水平 3.80%、3.40%、3.10%、2.50%、2.20%，见图 1-3。2020 年，辽宁全省义务教育巩固率达到 97.40%，超出了国家和辽宁教育规划纲要提出的 2020 年 95% 的目标。

数据来源：《辽宁省教育统计年鉴（2016—2020 年）》。

图 1-3 2016—2020 年辽宁省九年义务教育巩固率情况

二、义务教育学校规模

（一）义务教育学校总量逐年减少，乡村学校数大幅下降

到 2020 年底，辽宁全省有小学 2827 所，比 2016 年减少 1127 所。其中，城区小学由 2016 年的 1100 所减少到 2020 年的 1078 所，减少了 22 所；镇区小学由 2016 年的 659 所减少到 2020 年的 577 所，减少了 82 所；乡村小学由 2016 年的 2195 所减少到 2020 年的 1172 所，减少了 1023 所，

见图 1-4。全省有初中 1518 所，比 2016 年减少 3 所。其中，城区初中由 2016 年的 628 所增加到 2020 年的 648 所，增加了 20 所；镇区初中由 2016 年的 587 所减少到 2020 年的 580 所，减少了 7 所；乡村初中由 2016 年的 306 所减少到 2020 年的 290 所，减少了 16 所，见图 1-5。

数据来源：《辽宁省教育统计年鉴（2016—2020 年）》。

图 1-4 2016—2020 年辽宁小学学校数量变化情况

数据来源：《辽宁省教育统计年鉴（2016—2020 年）》。

图 1-5 2016—2020 年辽宁初中学校数量变化情况

（二）义务教育学校校均规模有升有降，城镇校均规模逐年扩大，乡村校均规模不断缩小

"十三五"期间，在城镇化进程加快和农村进城务工人员增加的影响下，辽宁省乡村和镇区学校在校生数量不断减少，校均规模不断缩小，城区在校生数量不断增加。

2020年，辽宁省小学在校生196.74万人，比2016年减少2.13万人，降幅为1.07%，见图1-6；初中在校生100.23万人，比2016年增加2.40万人，增幅为2.45%，见图1-7。

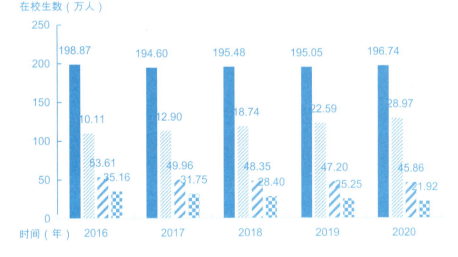

■ 小学在校生总数 ▨ 城区小学在校生数 ◢ 镇区小学在校生数 ▨ 乡村小学在校生数

数据来源：《辽宁省教育统计年鉴（2016—2020年）》。

图1-6 2016—2020年辽宁省小学在校生变化情况

其中，城区小学由2016年的110.11万人增加到2020年的128.97万人，增加了18.86万人，增幅为17.13%；镇区小学由2016年的53.61万人减少到2020年的45.86万人，减少了7.75万人，降幅为14.46%；乡村小学由2016年的35.16万人减少到2020年的21.92万人，减少了13.24万人，降幅为37.66%。城区初中由2016年的51.27万人增加到2020年的58.80万人，增加了7.53万人，增幅为14.69%；镇区初中由

2016 年的 36.26 万人减少到 2020 年的 32.07 万人，减少了 4.19 万人，降幅为 11.56%；乡村初中由 2016 年的 10.30 万人减少到 2020 年的 9.36 万人，减少了 0.94 万人，降幅为 9.13%。

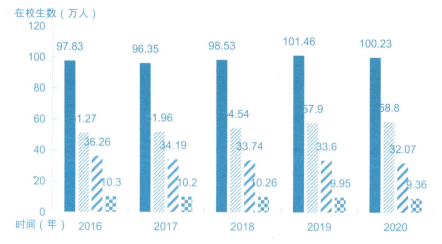

数据来源：《辽宁省教育统计年鉴（2016—2020 年）》。

图 1-7　2016—2020 年辽宁省中学校均规模变化情况

数据来源：《辽宁省教育统计年鉴（2016—2020 年）》。

图 1-8　2016—2020 年辽宁省义务教育学校校均规模变化情况

"十三五"期间，辽宁省小学的校均规模呈现上升趋势，由 2016 年的 441 人增加到 2020 年的 578 人，增加了 137 人。初中校均规模有降有升，前 4 年呈现上升趋势，到 2020 年下降，比 2019 年少 9 人，但比 2016 年多 17 人，见图 1-8。

（三）教学点增加，超大班额和大班额清零，义务教育学校布局和教育资源分配更加趋于合理

按照国家和辽宁省出台的系列规范农村义务教育学校布局调整的文件要求，各地科学合理调整农村学校布局，保留和恢复了必要的教学点。截至 2020 年底，全省教学点达到 698 个，比 2016 年增加 296 个，具体分布情况见表 1—13。

表 1-13　2016—2020 年辽宁省教学点分布情况　（单位：个）

项目	2016 年	2017 年	2018 年	2019 年	2020 年
沈阳	0	0	0	0	0
大连	12	18	39	44	15
鞍山	14	46	132	80	61
抚顺	0	0	0	0	0
本溪	0	0	0	0	0
丹东	7	7	56	137	137
锦州	53	80	82	108	113
营口	0	0	0	0	12
阜新	11	5	2	2	1
辽阳	9	21	19	19	32
铁岭	3	40	25	22	24
朝阳	292	325	363	354	263
盘锦	1	1	1	0	0
葫芦岛	0	0	5	50	40
全省	402	543	724	816	698

数据来源：《辽宁省教育统计年鉴（2016—2020 年）》。

　　按照教育部工作要求，辽宁省从 2016 年秋季学期开始，每年的一年级和七年级，不得新增 56 人以上的大班额。在保证零增量的基础上，逐步消除现有存量。按照省政府工作部署，各地均制定了消除大班额专项计划，明确了工作任务和时间表、路线图，建立消除大班额工作台账，按照《辽宁省解决义务教育大班额问题专项规划及实施方案》和《关于扎实推进城乡义务教育一体化发展和消除大班额工作的通知》要求，对大班额学校实行销号管理。2020 年，全省彻底消除"大班额"，全省各地所有初中和小学的超大班额与大班额均已清零。2016—2020 年辽宁省义务教育超大班额和大班额数及占比情况见表 1-14。

表 1-14　2016—2020 年辽宁省超大班额和大班额数量变化情况

（单位：个）

项目		2016 年		2017 年		2018 年		2019 年		2020 年	
		56 人以上	66 人以上	56 人以上	66 人以上	56 人以上	66 人以上	56 人以上	66 人以上	56 人以上	66 人以上
初中	总数	1501	310	918	154	514	18	153	2	0	0
	城区	769	198	575	30	332	12	132	0	0	0
	镇区	628	102	281	115	149	4	15	2	0	0
	乡村	104	10	62	9	33	2	6	0	0	0
小学	总数	3404	1242	2745	889	2022	291	744	18	0	0
	城区	2545	834	2084	672	1594	270	575	18	0	0
	镇区	761	397	605	214	401	21	168	0	0	0
	乡村	98	11	56	3	27	0	1	0	0	0

数据来源：《辽宁省教育统计年鉴（2016—2020 年）》。

三、义务教育办学条件

（一）义务教育学校各项主要指标达到国家验收标准

2011年开始，辽宁省大力推进义务教育学校标准化建设，将每年完成总量20%的建设任务列入省政府对各市政府考核的指标体系。2016年，省政府出台《关于进一步完善城乡义务教育经费保障机制的实施意见》，切实保障义务教育发展经费投入，保障促进义务教育均衡发展。按照《辽宁省义务教育学校标准化建设主要指标体系》及检查验收细则，积极推进学校标准化建设，促进学校教学设施、仪器设备、图书资料、实验室、信息化等资源配置基本均衡。2019年全省110个县（市、区）全部通过国家义务教育基本均衡发展验收评估，按时完成了与教育部签订的《推进义务教育均衡发展备忘录》的规划目标，全省各义务教育学校生均面积等8项主要指标均达到国家验收标准。

（二）义务教育学校整体办学条件得到大幅改善

1. 生均校舍建筑面积和教学仪器设施设备值大幅增加

"十三五"期间，随着义务教育基本均衡发展验收评估工作的深入推进和义务教育学校标准化建设的不断加强，辽宁省义务教育生均校舍面积大幅增加，教学仪器设备经费投入成倍增长，体育、音乐、美术设施设备和各种功能实验室更加齐全。2016年，辽宁省小学生均校舍建筑面积为7.4平方米，到2020年达到了7.9平方米，增幅为6.76%；初中生均校舍面积由2016年的11.7平方米增加到了2020年的12.4平方米，增幅为5.98%，见图1–9。

小学生均仪器设备值由2016年的1610元提高到了2020年的2052元，增幅为27.45%；初中生均仪器设备值由2016年的3414元提高到了2020年的4019元，增幅为17.72%，说明中小学生均仪器设备经费投入不断增长，见图1–10。

数据来源：《辽宁省教育统计年鉴（2016—2020 年）》。

图 1-9 2016—2020 年辽宁省义务教育学校生均校舍面积情况

数据来源：《辽宁省教育统计年鉴（2016—2020 年）》。

图 1-10 2016—2020 年辽宁省义务教育学校生均仪器设备值情况

生均固定资值不断增加，小学由 2016 年的 7198 元增长到 2020 年的 8739 元，增幅为 21.41%；初中由 18893 元增长到 2020 年的 21475 元，增幅为 13.67%，见图 1-11。

数据来源：《辽宁省教育统计年鉴（2016—2020 年）》。

图 1-11 2016—2020 年辽宁省义务教育学校生均固定资产值情况

2. 音体美教室和数理化实验室设备更加完善

2012 年，国务院印发《关于深入推进义务教育均衡发展的意见》，提出全国实现义务教育基本均衡的目标和任务。辽宁省认真贯彻落实国家要求，以改善薄弱学校办学条件和推进义务教育学校标准化建设为抓手，推进义务教育均衡发展。随着"全面改薄"工作和义务教育学校标准化建设的不断推进，以及素质教育的呼声不断高涨，辽宁省学校办学条件显著改善，达标学校的比例不断增加，实施素质教育的场所需求不断得到满足。

2016 年，辽宁省小学体育运动场（馆）面积达标学校数为 3401 所，占学校总数的 86.00%；体育器材达标学校数为 3258 所，占学校总数的 82.40%；音乐器材达标学校数为 3169 所，占学校总数的 80.20%；美术器材达标学校数为 3138 所，占学校总数的 79.40%；理科实验仪器设备达标学校数为 3220 所，占学校总数的 81.40%。到了 2020 年，辽宁省小学体育运动场（馆）面积达标学校数为 2561 所，占学校总数的 90.60%；体育器材达标学校数为 2601 所，占学校总数的 92.0%；音乐器材达标学校数为 2581 所，占学校总数的 91.30%；美术器材达标学校数为 2582 所，占学校总数的 91.30%；理科实验仪器设备达标学校数为 2621 所，占学校总数的 92.70%。见表 1-15。

表 1-15　2016—2020 年辽宁小学体音美及实验室设备器材达标学校占比情况

项目		2016 年	2017 年	2018 年	2019 年	2020 年
体育运动场馆（面积）	学校数（所）	3401	3193	2933	2683	2561
	占比（%）	86.0	87.9	89.4	90.2	90.6
体育器材	学校数（所）	3258	3091	2973	2729	2601
	占比（%）	82.4	85.1	90.7	91.7%	92.0
音乐器材	学校数（所）	3169	3040	2941	2711	2581
	占比（%）	80.2	83.7	89.7	91.1	91.3
美术器材	学校数（所）	3138	3024	2930	2708	2582
	占比（%）	79.4	83.2	89.3	91.0	91.3
理科实验仪器设备	学校数（所）	3220	3139	3003	2747	2621
	占比（%）	81.4	86.4	91.6	92.3	92.7

数据来源：《辽宁省教育统计年鉴（2016—2020 年）》。

2016 年，辽宁省初中体育运动场（馆）面积达标学校数为 1422 所，占学校总数的 93.50%；体育器材达标学校数为 1435 所，占学校总数的 94.40%；音乐器材达标学校数为 1414 所，占学校总数的 93.00%；美术器材达标学校数为 1408 所，占学校总数的 92.60%；理科实验仪器设备达标学校数为 1445 所，占学校总数的 95.00%。到 2020 年，辽宁省初中体育运动场（馆）面积达标学校数为 1445 所，占学校总数的 95.20%；体育器材达标学校数为 1469 所，占学校总数的 96.80%；音乐器材达标学校数为 1468 所，占学校总数的 96.70%；美术器材达标学校数为 1463 所，占学校总数的 96.40%；理科实验仪器设备达标学校数为 1479 所，占学校总数的 97.40%，见表 1-16。

表1-16 2016—2020年辽宁省初中体音美及实验室设备器材达标学校占比情况

项目		2016年	2017年	2018年	2019年	2020年
体育运动场馆（面积）	学校数（所）	1422	1436	1444	1446	1445
	占比（%）	93.5	94.4	94.9	95.3	95.2
体育器材	学校数（所）	1435	1447	1475	1469	1469
	占比（%）	94.4	95.1	96.9	96.8	96.8
音乐器材	学校数（所）	1414	1430	1467	1471	1468
	占比（%）	93.0	94.0	96.4	96.9	96.7
美术器材	学校数（所）	1408	1428	1461	1469	1463
	占比（%）	92.6	93.8	96.0	96.8	96.4
理科实验仪器设备	学校数（所）	1445	1459	1480	1473	1479
	占比（%）	95.0	95.9	97.2	97.0	97.4

数据来源：《辽宁省教育统计年鉴（2016—2020年）》。

（三）校园网建设和网络资源应用取得积极进展

1. 校园网覆盖率逐年提升，生机比不断缩小

2016—2020年，辽宁省义务教育学校生机比逐年缩小，小学生机比由5.3∶1下降到4.6∶1，初中生机比由4.3∶1下降到3.9∶1，见表1-17。

表1-17 2016-2020年辽宁省义务教育学校生机比变化情况

项目	2016年	2017年	2018年	2019年	2020年
小学生机比	5.3∶1	4.9∶1	4.6∶1	4.6∶1	4.6∶1
初中生机比	4.3∶1	4.0∶1	3.8∶1	3.9∶1	3.9∶1

数据来源：《辽宁省教育统计年鉴（2016—2020年）》。

校园网覆盖率逐年提高，2016—2020 年，小学校园网覆盖率由63.00% 提高到 95.60%，初中校园网覆盖率由 88.30% 提高到 98.60%，见表 1–18。

表 1–18　2016—2020 年辽宁省义务教育学校校园网覆盖率变化情况

（单位：%）

项目	2016 年	2017 年	2018 年	2019 年	2020 年
小学校园网覆盖率	63.00	71.90	84.70	91.50	95.60
初中校园网覆盖率	88.30	89.80	95.70	96.80	98.60

数据来源：《辽宁省教育统计年鉴（2016—2020 年）》。

四、义务教育师资队伍

"十三五"期间，辽宁省各级政府和教育行政部门把中小学教师队伍建设作为教育工作的重中之重放在首位，创新补充机制，均衡配置师资，继续完善"特岗教师计划"，贯彻落实"免费师范生政策"，大力推进"县域内城乡教师交流轮岗"，切实执行"国培计划"和"乡村教师支持计划"，加快推进中小学教师职称制度改革和中小学教师资格制度改革，教师队伍建设工作取得显著成效。

（一）代课教师数量较少，生职比和生师比有所提高

随着国务院出台的《关于深入推进义务教育均衡发展的意见》和中央编办、教育部、财政部共同印发的《关于统一城乡中小学教职工编制标准的通知》要求深入贯彻落实，辽宁省将农村中小学教职工编制标准与城市标准统一，加强教师补充力度，代课教师逐年减少。2016—2020 年，全省中小学代课教师由 584 人减少到 378 人，降幅为 35.30%，见图 1–12。其中，小学由 531 人减少到 308 人，降幅为 42.00%；初中由 53 人增加到 70 人，增幅为 32.10%。2020 年，辽宁已经成为全国代课教师较少的省份，人数只比北京、浙江、云南、西藏 4 个地区多，数量之少排在全国第 5 位。

数据来源：《辽宁省教育统计年鉴（2016—2020 年）》。

图 1-12 2016—2020 年辽宁省义务教育学校代课教师数量变化情况

全省生职比和生师比有所提高，见表 1-19。2016—2020 年，初中生职比由 8.3 : 1 提高到 8.6 : 1；生师比由 9.9 : 1 提高到 10.1 : 1。小学生职比由 12.7 : 1 提高到 12.9 : 1；生师比由 14.2 : 1 提高到 14.3 : 1。2020 年，全国小学生师比为 19.2 : 1，辽宁省为 14.3 : 1；全国初中生师比为 12.7 : 1，辽宁省为 10.1 : 1，远远低于全国平均水平，说明辽宁省教师和学生的比例结构更加合理。

表 1-19 2016—2020 年辽宁省义务教育学校生职比和生师比变化情况

项目	2016 年	2017 年	2018 年	2019 年	2020 年
初中生职比	8.3 : 1	8.2 : 1	8.5 : 1	8.7 : 1	8.6 : 1
初中生师比	9.9 : 1	9.7 : 1	10 : 1	10.2 : 1	10.1 : 1
小学生职比	12.7 : 1	12.5 : 1	12.8 : 1	12.8 : 1	12.9 : 1
小学生师比	14.2 : 1	13.9 : 1	14.3 : 1	14.2 : 1	14.3 : 1

数据来源：《辽宁省教育统计年鉴（2016—2020 年）》。

（二）教师老龄化逐渐突显，学科结构趋于合理

2016—2020 年，全省义务教育学校 50 岁及以上教师数由 53518 人增加到 66744 人，增幅达 24.70%。其中，初中 50 岁及以上教师数增加了 12016 人，占增加总量的 90.90%，说明初中教师老龄化问题日益突显。30 岁以下教师数量有小幅下降，由 30463 人下降到 29094 人，降幅为 4.50%。小学 30 岁以下教师数基本持平，初中 30 岁以下教师数下降了 1628 人，降幅为 15.90%。见表 1–20。

表 1–20　2016—2020 年辽宁省义务教育学校教师年龄变化情况

（单位：人）

项目		2016 年	2017 年	2018 年	2019 年	2020 年
30 岁以下	初中	10253	9221	8912	8993	8625
	小学	20210	19437	19713	20751	20469
30 岁—49 岁	初中	69242	67802	64510	61829	58751
	小学	86137	86703	84458	83145	82011
50 岁及以上	初中	19465	22459	25525	28826	31481
	小学	34053	34066	32813	33453	35263

数据来源：《辽宁省教育统计年鉴（2016—2020 年）》。

从全省初中教师的职称结构来看，初中高级职称和未定职级教师的数量逐年增加，见表 1–21。2020 年，初中高级职称教师已经达到 52902 人，比 2016 年增加 7190 人，增幅为 15.70%；未定职级教师的数量为 5755 人，比 2016 年增加了 1749 人，增幅为 43.70%。中级和助理级职称教师的数量逐渐减少，中级职称教师数量减少到 30310 人，比 2016 年减少 5382 人，降幅为 15.10%；助理级职称教师减少到 9434 人，比 2016 年减少 3449 人，降幅为 26.80%。

表 1-21 2016—2020 年辽宁省初中教师职称变化情况

（单位：人）

项目	2016 年	2017 年	2018 年	2019 年	2020 年
正高级	—	—	—	44	56
副高级	45712	47504	48079	50407	52846
中级	35692	35598	35023	33246	30310
助理级	12883	11440	10602	10115	9434
员级	667	510	457	414	456
未定职级	4006	4430	4786	5422	5755

数据来源：《辽宁省教育统计年鉴（2016-2020 年）》

"十三五"期间，辽宁省小学高级职称、员级和未定职级的教师数量大幅度增加，中级和助理级职称的教师数量逐渐减少，见表 1-22。2020 年，小学高级职称教师已经达到 36726 人，比 2016 年增加 22762 人，增幅为 162.80%；未定职级教师的数量为 12052 人，比 2016 年增加了 4902 人，增幅为 68.60%；员级职称教师达到 4250 人，比 2016 年增加了 2869 人，增幅为 207.70%；中级职称教师减少到 69710 人，比 2016 年减少 30759 人，降幅为 30.60%；助理级职称教师减少到 15005 人，比 2016 年减少了 2431 人，降幅为 13.90%。

表 1-22 2016—2020 年辽宁省小学教师职称变化情况

（单位：人）

项目	2016 年	2017 年	2018 年	2019 年	2020 年
正高级	—	—	—	16	27
副高级	13964	15947	17752	26157	36699
中级	100469	97388	91043	80550	69710
助理级	17436	16598	15850	15732	15005
员级	1381	1843	2737	3637	4250
未定职级	7150	8430	9602	11257	12052

数据来源：《辽宁省教育统计年鉴（2016—2020 年）》。

"十三五"期间，各学科教师数量基本保持稳定。初中艺术教师数由 2016 年的 28 人增加到 2020 年的 92 人，增幅为 228.60%，见表 1-23；小学艺术教师数由 2016 年的 217 人增加到 2020 年的 511 人，增幅为 135.50%，见表 1-24。小学语文教师数由 49910 人下降到 39375 人，降幅达 21.10%。从学生数量大规模减少的实际情况来说，无论是主科教师还是小学科教师的生师比都在下降，教师的学科结构趋于合理，尤其是艺术教师的大比例增加，更加有利于素质教育的实施。

表 1-23　2015—2020 年辽宁省初中学科教师数量变化情况

（单位：人）

项目	2016 年	2017 年	2018 年	2019 年	2020 年
语文	15852	15614	15387	15369	15257
数学	16287	16103	15846	15807	15587
英语	16091	16002	15762	15701	15562
音乐	2513	2556	2572	2655	2611
美术	2372	2412	2437	2477	2461
体育	6041	6038	5990	5988	5907
信息技术	2673	2722	2722	2757	2724
艺术	28	34	46	86	92

数据来源：《辽宁省教育统计年鉴（2016—2020 年）》。

表 1-24　2016—2020 年辽宁省小学学科教师数量变化情况

（单位：人）

项目	2016 年	2017 年	2018 年	2019 年	2020 年
语文	49910	44583	41210	40008	39375
数学	19470	20940	21269	21687	22295
英语	10866	11054	10797	10694	10937
音乐	6771	7167	7272	7323	7387
美术	6329	6796	6929	7054	7252
体育	10558	10886	10910	10954	11014
信息技术	4438	4721	4873	5280	5114
艺术	217	286	318	526	511

数据来源：《辽宁省教育统计年鉴（2016—2020 年）》。

（三）专任教师学历达标率和教育教学能力不断提高

"十三五"期间，辽宁省加大教师培训力度，提高教师队伍素质和能力，以提高农村学校教师素质和教学能力为重点，完善了省、市、县、校四级联动教师研训体系，全面实施了"中小学教师国家级培训计划"和省级培训计划，共培训中小学教师2万多名，专任教师学历水平和教育教学能力不断提高。2020年，小学专任教师学历达标率为100%，比2016年提高了0.10%，小学专任教师中专科及以上学历占比由2016年的95.40%提高到98.70%，提高了3.30%，见图1-13；初中专任教师学历达标率为99.90%，比2016年提高了0.20%，初中专任教师中本科及以上学历占比由2016年的86.50%提高到91.40%，提高了4.90%，见图1-14。

数据来源：《辽宁省教育统计年鉴（2016—2020年）》。

图1-13 2016—2020年辽宁省小学教师学历达标情况

数据来源：《辽宁省教育统计年鉴（2016—2020 年）》。

图 1-14 2016—2020 年辽宁省初中教师学历达标情况

五、义务教育经费保障

（一）教育经费投入力度持续加大，投入结构不断优化

"十三五"期间，辽宁省教育经费总投入稳步上升，切实做到了一般公共预算教育支出逐年只增不减、按在校学生人数平均的一般公共预算教育支出逐年只增不减。2016—2020 年，全省教育经费总投入近 5021 亿元，其中：2016 年 921.00 亿元，2017 年 965.00 亿元，2018 年 976.00 亿元，2019 年 1059.40 亿元，2020 年 1098.86 亿元。同时调整优化投入结构，将义务教育作为"重中之重"，统筹城乡义务教育资源均衡配置，建立统一的、各级政府分项目按比例分担的城乡义务教育经费保障机制。加大对贫困地区的教育经费重点支持，2014—2019 年，累计投入近 50 亿元支持农村义务教育薄弱学校改善基本办学条件，并于 2019 年底前基本完成五年规划的收尾工作。

（二）2020 年全省教育投入与全国平均水平及其他省市比较

根据国务院教育督导委员会办公室《关于 2020 年全国教育经费投入和使用情况的通报》，对 2020 年全省财政性教育经费、一般公共预算教育经费、生均一般公共预算教育经费等情况进行了分析比较。

总体来看，全省 2020 年教育经费总投入 1098.86 亿元，比上年增加 39.46 亿元，增长 3.73%。其中，财政性教育经费 894.57 亿元，在全国排名第 21 位，比上年增加 51.35 亿元，增长 6.09%，增幅在全国排名第 26 位，全国平均增幅为 7.15%，全省比全国平均增幅低 1.06%。全国增幅最高为宁夏，由 2019 年的 215 亿元增加到 246 亿元，增幅达到了 14.42%，比全国平均增幅高 7.27%。全国增幅最低为天津市，由 2019 年的 519 亿元降到 504 亿元，减少 15 亿元，为负增长。

从各项主要指标来看，一是全省 2020 年一般公共预算教育经费为 740.56 亿元，比上年增加 36.28 亿元，增长 5.15%，增幅在全国排名第 16 位，全国平均增幅为 4.8%，我省比全国平均增幅高 0.35%。全国增幅最高为宁夏，由 2019 年的 179 亿元增加到 207 亿元，增幅达到了 15.64%，比全国平均增幅高 10.84%。全国增幅最低为天津市，由 2019 年的 467 亿元降到 441 亿元，减少 26 亿元，增幅 –5.57%，为负增长。二是全省 2020 年普通小学、普通初中生均一般公共预算教育经费增长比全国平均增幅高。

（三）省内各市教育经费投入不均衡不充分

从省内来看，除营口市和盘锦市外，其他各市整体上都做到了"两个只增不减"，但是在县域内，仍然有部分县（市、区）没有做到"两个只增不减"。2020 年，全省一般公共预算教育经费比上年增长 5.15%，沈阳、大连、本溪、盘锦、葫芦岛 5 个市的一般公共预算教育经费增长幅度小于全省均值，其中，盘锦市为 –0.11%，没有实现增长；其他各市全市层面实现了增长，但在县域层面，仍有 20 个县（市、区）一般公共预算教育经费是负增长。从生均一般公共预算教育经费来看，部分市、县（市、区）没有增长，全省普通小学生均一般公共预算教育经费是12229.89 元，沈阳、鞍山、抚顺、营口、盘锦、朝阳、葫芦岛 7 个市的小学生均一般公共预算教育经费低于全省均值，全省普通小学生均一般公共预算教育经费增长率是 8.63%，盘锦市和 20 个县区的普通小学生均一般公共预算教育经费是负增长。全省普通初中生均一般公共预算教育经费是 17686.43 元，鞍山、锦州、营口、铁岭、朝阳、葫芦岛、沈抚示范区 7 个市的初中生均一般公共预算教育经费低于全省均值，全省普通初中生均一般公共预算教育经费增长率是 5.70%，营口市和 15 个县的普通初中生均一般公共预算教育经费是负增长。

（四）全省义务教育经费投入仍有较大缺口

《辽宁加快推进教育现代化实施方案（2018—2022 年）》提出了到 2022 年全省教育事业发展的总体目标，在巩固义务教育基本均衡的基础上，推动县域义务教育优质均衡发展。同时，《辽宁省教育事业发展"十四五"规划》也提出了全省建设高质量教育体系的奋斗目标，并提出推进义务教育优质均衡发展的重点任务，要求到 2025 年实现"义务教育阶段优质教育资源覆盖率达到 100%""推动 45% 以上的县（市、区）完成优质均衡发展省级验收评估"。义务教育优质均衡验收指标为小学班额不超过 45 人，初中班额不超过 50 人，截至 2020 年底，全省小学班额超过 45 人的班级有 12970 个，初中班额超过 50 人的班级有 2787 个，城镇学校大校额、大班额问题还很突出，需要一定的经费投入增加班级数，配备相应的教师、教室和教育教学设施设备等资源。同时着力改善乡村小规模学校和乡村寄宿制学校办学条件、实现高质量发展，都需要有充足的教育事业发展经费保障。

第三节
普通高中教育事业发展分析

高中阶段教育是国民教育体系的重要环节，是学生从未成年走向成年、个性形成、自主发展的关键时期，肩负着为各类人才成长奠基、培养高素质技术技能型人才的使命。"十三五"期间，辽宁省高度重视普通高中教育，积极落实《国家中长期教育改革和发展规划纲要（2010—2020年）》《高中阶段教育普及攻坚计划（2017—2020年）》《中国教育现代化2035》《加快推进教育现代化实施方案（2018—2022年）》文件精神，先后出台了《辽宁省深化考试招生制度改革实施方案》《辽宁省普通高中学业水平考试实施办法》《辽宁省普通高中学生综合素质评价实施办法》《辽宁教育现代化2035》《辽宁加快推进教育现代化实施方案（2018—2022年）》《辽宁省普通高中多样化特色发展的实施意见》等一系列政策文件，实施"扶持一般普通高中质量提升工程""示范性普通高中建设工程""特色普通高中建设工程""普通高中教育教学改革典型校建设工程"四大工程，全省普通高中教育事业发展水平实现了整体提升，普及程度稳步提升，优质教育资源不断扩大，教育教学质量和办学水平稳步提高，基本形成了普通高中教育多样化有特色发展的新格局。

一、普通高中教育普及程度

普及高中阶段教育是巩固义务教育普及成果、完善现代职业教育体系、增强高等教育发展后劲的重大举措，是适应我国经济结构转型升级、提高劳动力受教育年限的迫切需要，是进一步提升国民整体素质、建设人力资源强国的基础工程。《国家中长期教育改革和发展规划纲要（2010—2020年）》提出了"加快普及高中阶段教育"的目标，《高中阶段教育普及攻坚计划（2017—2020年）》进一步明确，到2020年全国、各省（区、市）毛入学率均达到90%以上。

（一）高中阶段毛入学率略有降低

"十三五"期间，辽宁省深入实施高中阶段教育普及攻坚计划，多渠道、多模式扩展教育资源，高中阶段毛入学率略有降低，但始终高于全国平均水平 5% 以上，见图 1-15。

数据来源：《全国教育事业发展统计公报（2016—2020 年）》
《辽宁省教育事业发展统计公报（2016—2020 年）》。

图 1-15　2016—2020 年辽宁省高中阶段毛入学率

（二）每万人口高中阶段和普通高中在校生数均有小幅下降

"十三五"期间，全省每万人口高中阶段在校生数逐年下降，由 2016 年的 238 人下降到 2020 年的 218 人。每万人口普通高中在校生数也逐年下降，由 2016 年的 148 人下降到 2020 年的 142 人，见图 1-16。与此同时，每万人口中普通高中在校生所占比例呈现出缓慢上升的趋势，普通高中在校生占比由 2016 年的 62.20% 上升到 2020 年的 65.10%。

数据来源：《辽宁省教育统计年鉴（2016—2020年）》。

图1-16 2016—2020年辽宁省每万人口高中阶段和普通高中在校生数

（三）普通高中在校生数逐年下降

"十三五"期间，全省普通高中学校数基本稳定，由2016年的412所增加到2020年的425所，全省普通高中在校生数逐年下降，由2016年的62.5万人下降到2020年的59.4万人，降幅为5.00%，见表1-25。

表1-25 2016—2020年辽宁省普通高中学校数和在校生数

项目	普通高中数（所）	普通高中在校生数（万人）
2016年	412	62.5
2017年	418	63.0
2018年	414	60.9
2019年	420	60.2
2020年	425	59.4

数据来源：《辽宁省教育统计年鉴（2016—2020年）》。

二、高中阶段教育结构

"十三五"期间，在国家大力发展职业教育和民办教育等政策的指导下，全省普通高中的结构调整持续推进。总体上，普通高中学校数和在校生数均高于中等职业学校，二者的结构比例由 6：4 逐渐向 6.5：3.5 变化。民办普通高中逐年增长，普通高中仍然以公立高中为主，办学体制逐渐多样化。

（一）普通高中与中等职业教育结构稍显失衡

普通教育和中等职业教育的比例是衡量高中阶段教育结构的重要指标。《国家中长期教育改革和发展规划纲要（2010—2020 年）》和《高中阶段教育普及攻坚计划（2017—2020 年）》都强调"普通高中与中等职业教育结构更加合理，招生规模大体相当"。"十三五"期间，辽宁省普通高中与中等职业教育结构比例由 6：4 逐渐变为 6.5：3.5，二者结构失衡逐渐凸显。

1. 中等职业学校数量逐年下降

从全省高中阶段学校数量构成情况来看，中等职业学校数量逐年减少，见图 1-17，由 2016 年的 399 所下降到 2020 年的 369 所，中等职业学校数量占比由 2016 年的 49.20% 下降到 2020 年的 46.50%。

数据来源：《辽宁省教育统计年鉴（2016—2020 年）》。
图 1-17　2016—2020 年辽宁省普通高中和中等职业学校数

2. 中等职业学校在校生占比逐年下降

随着高等教育对个体的重要性不断增强，民众对高等教育的需求不断强化，社会对普通高中需求加大，促使普通高中在校生占比逐年上升，中等职业学校在校生数逐年下降，由 2016 年的 38.1 万人下降到 2020 年的 31.9 万人，中等职业学校在校生占比由 2016 年的 37.90% 下降到 2020 年的 34.90%，见图 1-18。

数据来源：《辽宁省教育统计年鉴（2016—2020 年）》。

图 1-18　2016—2020 年辽宁省普通高中和中等职业学校在校生数

（二）民办普通高中数和学生数稳步增长

民办教育是我国教育事业发展的重要增长点，也是促进教育改革的重要力量。近年来，国家出台了一系列政策措施，鼓励和引导民办教育，辽宁省民办高中学校数和在校生数持续增长。公办普通高中数基本保持稳定，民办普通高中数由 2016 年的 95 所增加到 2020 年的 110 所，增幅达到 15.80%，见图 1-19。公办普通高中在校生数逐年减少，由 2016 年的 53.9 万人减少到 2020 年的 50.1 万人，降幅达 7.10%；而民办普通高中在校生数则由 2016 年的 8.6 万人增加到 2020 年的 9.3 万人，增幅达 8.10%，民办普通高中在校生数占比也由 2016 年的 13.80% 上升到 2020 年的 15.70%。见图 1-20。

数据来源：《辽宁省教育统计年鉴（2016—2020 年）》。

图 1-19　2016—2020 年辽宁省公办普通高中与民办普通高中学校数

数据来源：《辽宁省教育统计年鉴（2016—2020 年）》。

图 1-20　2016—2020 年辽宁省公办普通高中与民办普通高中在校生数

（三）普通高中以独立设置的高级中学为主

从学校设置看，"十三五"期间全省普通高中以独立设置的高级中学为主，占 75% 以上，完全中学缩减了 11 所，十二年一贯制学校增加了 9 所，独立设置少数民族学校数保持稳定，见图 1–21。

数据来源：《辽宁省教育统计年鉴（2016—2020 年）》。

图 1–21 2016—2020 年辽宁省不同类型普通高中学校数

三、普通高中学校布局

"十三五"期间，全省各地区立足实际，根据学龄人口现状、城镇化发展速度，采取撤并、新建、集团化办学等方式不断调整高中学校布局，满足民众接受高中教育需求。

（一）辽西北地区普通高中学校数量增加

全省各地区立足实际，根据学龄人口现状、城镇化发展速度，采取撤并、新建、集团化办学等方式不断调整高中学校布局，多渠道、多模式扩展教育资源，全省普通高中数基本保持稳定，见表 1–26。到 2020 年，沈阳、大连普通高中数量较多，沈阳有普通高中 87 所，大连有普通高中

77 所，占全省普通高中总数的 38.60%。随着高中阶段教育普及攻坚计划的深入实施，锦州、阜新、铁岭、朝阳等城市普通高中数量均有所增加。

表 1-26　2016 年与 2020 年辽宁省各市普通高中学校数

（单位：所）

项目	沈阳	大连	鞍山	抚顺	本溪	丹东	锦州	营口	阜新	辽阳	铁岭	朝阳	盘锦	葫芦岛
2016 年	85	77	36	23	15	23	27	14	20	14	20	28	11	19
2020 年	87	77	33	23	15	23	29	15	23	14	24	30	12	20

数据来源：《辽宁省教育统计年鉴（2016—2020 年）》。

（二）普通高中维持城市和县镇多、农村少的格局

随着新型城镇化的推进和人口流动变化趋势，全省适度调新建、撤并和调整普通高中学校布局，普通高中区域分布依然维持城市和县镇多、农村少的格局。城区普通高中数有小幅上升，由 2016 年的 310 所上升到 2020 年的 322 所；镇区普通高中有小幅缩减，由 2016 年的 97 所减少到 2020 年的 91 所；乡村普通高中有小幅增加，由 2016 年的 5 所增加到 2020 年的 12 所。见图 1-22。

数据来源：《辽宁省教育统计年鉴（2016—2020 年）》。

图 1-22　2016—2020 年辽宁省普通高中地域分布情况

四、普通高中办学规模

(一)普通高中校均规模呈下降趋势

近年来,辽宁省各级政府财政投入力度加大,在充分挖掘现有教育资源的基础上,有计划、分年度实施建设项目,新建、改扩建一批学校,全省普通高中校均规模由 2016 年的 1517 人下降到 2020 年的 1397 人,降幅达 7.90%,见图 1–23。

数据来源:《辽宁省教育统计年鉴(2016—2020 年)》。

图 1–23 2016—2020 年辽宁省普通高中校均规模

1. 各市之间的校均规模差距明显

2020 年,全省普通高中校均规模较大的 5 个市是葫芦岛、朝阳、盘锦、营口和铁岭,校均规模分别是 2045、1951、1846、1840 和 1670 人,见表 1–28,远高于全省校均规模的平均水平,也是校均规模调整的重点地区。校均规模较小的 3 个市是抚顺、大连和阜新,分别是 1036、1140 和 1199 人。

2. 各市校均规模控制力度差异明显

2016—2020 年，校均规模下降幅度较大的 3 个市盘锦、阜新和铁岭，降幅分别为 28.4%、19.6% 和 17.0%，随着校均规模的大幅度下降，阜新的校均规模均已低于全省平均水平，但是盘锦和铁岭的校均规模仍高于全省均值。2016—2020 年，校均规模下降幅度最小的 3 个市为鞍山、沈阳和大连，降幅分别为 1.1%、1.8% 和 2.9%，但是，3 个市的校均规模均低于全省平均水平。见表 1–27。

表 1–27　2016—2020 年辽宁省各市普通高中校均规模

（单位：人）

项目	沈阳	大连	鞍山	抚顺	本溪	丹东	锦州
2016 年	1244	1174	1302	1138	1322	1668	1538
2017 年	1250	1218	1347	1145	1443	1685	1526
2018 年	1215	1174	1387	1089	1332	1659	1515
2019 年	1208	1151	1311	1062	1287	1603	1476
2020 年	1221	1140	1288	1036	1242	1546	1459
2020 年比 2016 年增长比例（%）	1.8%	2.9%	1.1%	9.0%	6.1%	7.3%	5.1%
项目	营口	阜新	辽阳	铁岭	朝阳	盘锦	葫芦岛
2016 年	2080	1491	1675	2011	2235	2578	2241
2017 年	1856	1400	1665	1942	2178	2102	2122
2018 年	1921	1352	1693	1818	2126	2050	2054
2019 年	1816	1299	1633	1814	2062	1928	2059
2020 年	1840	1199	1472	1670	1951	1846	2045
2020 年比 2016 年增长比例（%）	11.5%	19.6%	12.1%	17.0%	12.7%	28.4%	8.7%

数据来源：《辽宁省教育统计年鉴（2016—2020 年）》。

（二）普通高中大校额不断缩减

2016—2020 年，全省普通高中消除大校额工作成效显著。全省普通高中大校额（在校生数大于 3000 人）由 2016 年的 45 所下降到 2020 年的 22 所，见图 1-24。

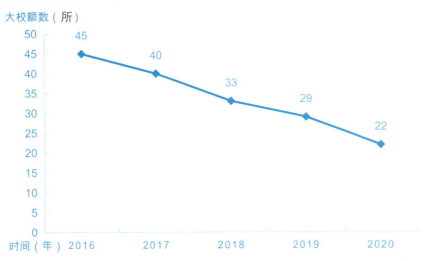

数据来源：《辽宁省教育统计年鉴（2016—2020 年）》。

图 1-24　2016—2020 年辽宁省普通高中大校额数

各市消除大校额情况有一定差异。2020 年，大连、鞍山、抚顺、营口、辽阳实现了大校额清零，朝阳（5 所）、丹东（4 所）、葫芦岛（3 所）是全省大校额数量最多的三个市，见表 1-28。

表 1-28　2016—2020 年辽宁省各市普通高中大校额情况

（单位：所）

项目	沈阳	大连	鞍山	抚顺	本溪	丹东	锦州	营口	阜新	辽阳	铁岭	朝阳	盘锦	葫芦岛
2016 年	2	1	0	0	4	6	2	3	3	2	4	9	3	6
2017 年	2	0	0	0	4	6	2	0	3	2	4	7	4	6
2018 年	0	0	0	0	3	5	2	0	3	0	3	6	4	7
2019 年	0	0	0	0	2	4	2	0	2	0	3	7	3	6
2020 年	1	0	0	0	1	4	2	0	2	0	2	5	2	3

数据来源：《辽宁省教育统计年鉴（2016—2020 年）》。

（三）普通高中大班额快速缩减

全省普通高中大班额得到快速消减，2016—2020 年，全省普通高中大班额（56 人以上）由 2016 年的 1899 个下降到 2020 年的 0 个，全省实现了大班额清零，见图 1-25。

数据来源：《辽宁省教育统计年鉴（2016—2020 年）》。

图 1-25　2016—2020 年辽宁省普通高中大班额数

各市缩减大班额情况有一定差异。2019 年，沈阳、大连、抚顺、营口、辽阳、盘锦 6 个市实现了大班额归零，2020 年，在"十三五"初期大班额存量最多的葫芦岛（304 个）、锦州（290 个）、铁岭（238 个）也全部实现清零，见表 1-29。

表 1-29　2016—2020 年辽宁省各市普通高中大班额情况

（单位：个）

项目	沈阳	大连	鞍山	抚顺	本溪	丹东	锦州	营口	阜新	辽阳	铁岭	朝阳	盘锦	葫芦岛
2016 年	166	43	85	1	80	68	290	119	216	46	238	222	21	304
2017 年	192	66	110	0	107	62	309	59	192	89	273	154	33	273
2018 年	31	21	108	0	50	73	253	15	110	18	236	113	2	183
2019 年	0	0	49	0	20	15	129	0	20	0	172	30	0	51
2020 年	0	0	0	0	0	0	0	0	0	0	0	0	0	0

数据来源：《辽宁省教育统计年鉴（2016—2020 年）》。

五、普通高中师资队伍

教师是教育发展的第一资源，是普通高中各项改革发展的关键所在。全省高度重视普通高中教师队伍建设工作，普通高中教师队伍不断壮大，专任教师的年龄结构不断优化，学历层次不断提升，教师队伍整体素质全面提高。

（一）普通高中教职工数和专任教师数逐年增长

在普通高中在校生数逐年减少的情况下，普通高中教职工数逐年增长，由 2016 年的 60230 人增加到 2020 年的 62051 人，增幅为 3.00%；专任教师数逐年增长，由 2016 年的 50630 人增加到 2020 年的 52434 人，增幅为 3.60%，见表 1-30。

表 1-30 2016-2020 年辽宁省普通高中教师数量

（单位：个）

项目	2016 年	2017 年	2018 年	2019 年	2020 年	2020 年比 2016 年增减数量	2020 年比 2016 年增长比例（%）
教职工数	60230	60773	61247	61983	62051	1821	3.1
专任教师数	50630	51346	51811	52378	52434	1804	3.6

数据来源：《辽宁省教育统计年鉴（2016—2020 年）》。

（二）生师比持续下降

随着全省普通高中在校生数逐年减少和专任教师数逐年增加，全省普通高中生师比逐年下降，从 2016 年的 12.3∶1 下降到 2020 年的 11.3∶1。全国普通高中生师比由 2016 年的 13.7∶1 下降到 2020 年的 12.9∶1。全省生师比降幅高于全国平均水平，且生师比始终低于全国平均水平，见表 1-31。

表 1-31　2016—2020 年全国和辽宁省普通高中生师比情况

年份	辽宁省生师比	全国生师比
2016 年	12.3：1	13.7：1
2017 年	12.3：1	13.4：1
2018 年	11.7：1	13.1：1
2019 年	11.5：1	13.0：1
2020 年	11.3：1	12.9：1

数据来源：《全国教育事业发展统计公报（2016—2020 年）》

《辽宁省教育事业发展统计公报（2016—2020 年）》。

（三）教师队伍年龄结构趋于老化

普通高中教师年龄结构在保持稳定的基础上出现老龄化趋势。2016—2020 年；34 岁及以下专任教师数下降了 4650 人，降幅达 27.10%；35—44 岁专任教师数增加了 2021 人，增幅为 11.00%；45—59 岁专任教师数增加了 4491 人，增幅为 30.00%；60 岁及以上专任教师数减少了 58 人，降幅为 38.90%。见表 1-32。2016—2020 年，34 岁以下专任教师占比下降 10.00%，45—59 岁专任教师占比增长 7.50%，专任教师年龄结构趋于老化。

表 1-32　2016—2020 年辽宁省普通高中专任教师年龄结构分布情况

（单位：人）

年份	34 岁及以下	35—44 岁	45—59 岁	60 岁及以上
2016 年	17172	18344	14965	149
2017 年	15135	19793	16290	128
2018 年	13868	20397	17425	121
2019 年	13169	20605	18491	113
2020 年	12522	20365	19456	91
2020 年比 2016 年增减数量	-4650	2021	4491	58
2020 年比 2016 年增长比例（%）	-27.10	11.00	30.00	38.90

数据来源：《辽宁省教育统计年鉴（2016—2020 年）》。

（四）专任教师高级职称占比逐年增加

全省专任教师中，高级职称占比逐年增加，由 2016 年的 39.8% 增加到 2020 年的 44.3%，增长了 4.50%；中级职称教师占比基本保持稳定；助理级专任教师占比由 2016 年的 17.00% 下降到 2020 年的 11.8%，下降了 5.20%，见表 1–33。

表 1–33 2016—2020 年辽宁省普通高中专任教师技术职称结构情况

（单位：%）

年份	高级	中级	助理级	员级	未定职级
2016 年	39.8	34.9	17.0	0.6	7.7
2017 年	40.7	35.5	15.8	0.4	7.6
2018 年	42.1	35.4	14.6	0.3	7.6
2019 年	43.2	35.4	12.9	0.3	8.2
2020 年	44.3	35.1	11.8	0.3	8.5

数据来源：《辽宁省教育统计年鉴（2016—2020 年）》。

（五）专任教师学科结构不断改善

随着高考改革和高中课程改革不断推进，各学科教师数量不断调整，教师队伍学科结构有所改善。政治、语文、数学、外语、物理、化学、信息技术、体育与健康学科教师基本保持稳定，有小幅度增长；地理、历史、通用技术、音乐、美术学科专任教师有所增加，增幅在 5%~10%；生物和综合实践学科教师有大幅度增加，增幅分别为 12.7% 和 91.6%。见表 1–34。

表 1–34 2016—2020 年辽宁省普通高中专任教师学科分布情况

（单位：人）

学科	2016 年	2017 年	2018 年	2019 年	2020 年	2020 年比 2016 年增长比例（%）
政治	2759	2789	2811	2851	2853	3.40
语文	7342	7338	7372	7411	7369	0.40
数学	7567	7658	7677	7679	7653	1.10
外语	7703	7777	7750	7759	7738	0.50
物理	4600	4670	4706	4722	4736	3.00

续表

学科	2016 年	2017 年	2018 年	2019 年	2020 年	2020 年比 2016年增长比例（%）
化学	4489	4571	4621	4652	4627	3.10
生物	3194	3310	3422	3520	3600	12.70
地理	2427	2465	2517	2571	2635	8.60
历史	2534	2584	2647	2712	2753	8.60
信息技术	1123	1145	1155	1172	1154	2.80
通用技术	197	199	205	212	210	6.60
体育与健康	2994	3020	3043	3070	3055	2.00
艺术	25	27	26	25	19	−24
音乐	731	747	745	760	773	5.70
美术	864	885	896	905	907	5.00
综合实践	24	21	27	28	46	91.70
其他	262	283	267	246	244	−6.90
当年不任课	1795	1857	1924	2083	2062	14.90

数据来源：《辽宁省教育统计年鉴（2016—2020 年）》。

（六）专任教师学历结构逐渐优化

2016—2019 年，辽宁省普通高中专任教师学历达标率一直高于全国平均水平。2020 年，辽宁省普通高中专任教师学历达标率与全国平均水平持平，见表1-35。

表 1-35　2016—2020 年全国和辽宁省普通高中专任教师学历达标率

年份	辽宁学历达标率（%）	全国学历达标率（%）
2016 年	98.8	97.90
2017 年	98.8	98.20
2018 年	98.8	98.40
2019 年	98.9	98.62
2020 年	99	99

数据来源：《辽宁省教育统计年鉴（2016—2020 年）》。

2016—2020 年，全省普通高中专任教师研究生学历人数由 4845 上升到 6425，增加 1580 人，增幅为 32.60%。研究生学历人数占比持续增长，由 2016 年的 9.60% 上升到 2020 年的 12.20%，见表 1-36。

表 1-36　2016—2020 年辽宁省普通高中专任教师研究生学历人数和占比

年份	普通高中专任教师数（人）	专任教师中研究生学历人数（人）	研究生学历人数占比（%）
2016 年	50630	4845	9.60
2017 年	51346	5280	10.30
2018 年	51811	5649	10.90
2019 年	52378	6140	11.70
2020 年	52434	6425	12.20

数据来源：《辽宁省教育统计年鉴（2016—2020 年）》。

六、普通高中办学条件

随着各级政府加大普通高中投入力度，全省普通高中办学条件得到持续改善，但各地区仍然存在一定差距。

（一）生均校舍建筑面积有所增加，各地区间差距较大

生均校舍建筑面积是一个区域办学条件的重要指标。"十三五"期间，全省普通高中生均建筑面积持续增长，由 2016 年的生均 15.7 平方米上升到 2020 年的生均 17.8 平方米，增幅达 13.4%。但是，全省生均校舍建筑面积始终低于全国平均水平，2020 年比全国平均水平低 6.3 平方米，见图 1-26。

数据来源：《全国教育事业发展统计公报（2016—2020 年）》

《辽宁省教育事业发展统计公报（2016—2020 年）》。

图 1-26　2016—2020 年全国与辽宁省生均校舍建筑面积情况

　　各市之间生均校舍建筑面积差距较大。2020 年，沈阳、大连、营口、盘锦的生均校舍建筑面积大于全省均值，阜新的生均校舍建筑面积全省最低，见表 1-37。2016—2020 年，各市生均校舍建筑面积增长幅度差异明显，增长幅度最大的三个市是盘锦、阜新、锦州，增幅分别达到36.4%、34.0% 和 23.8%；大连市生均校舍建筑面积是负增长，但是，由于基础条件较好，生均校舍建筑面积仍然处于全省前列。

表 1-37　2016—2020 年辽宁省各市普通高中生均校舍建筑面积情况

（单位：平方米）

年份	沈阳	大连	鞍山	抚顺	本溪	丹东	锦州
2016 年	18.0	21.8	14.6	14.0	14.4	12.9	14.3
2017 年	19.0	21.3	14.0	14.0	14.5	13.0	16.1
2018 年	19.7	21.9	14.9	15.4	15.1	13.3	16.3

续表

年份	沈阳	大连	鞍山	抚顺	本溪	丹东	锦州
2019 年	19.8	22.1	15.5	16.1	15.7	13.9	16.6
2020 年	19.8	21.5	16.4	16.5	16.5	15.0	17.7
2020 年比 2016 年增长比例(%)	10.0	-1.4	12.3	17.9	14.6	16.3	23.8

年份	营口	阜新	辽阳	铁岭	朝阳	盘锦	葫芦岛
2016 年	18.4	9.4	13.7	10.9	14.5	16.2	14.3
2017 年	20.4	10.4	13.7	11.9	14.6	16.8	15.4
2018 年	21.0	10.9	13.3	12.3	15.5	17.7	15.9
2019 年	22.2	11.7	15.1	12.6	15.8	21.1	16.6
2020 年	21.7	12.6	15.7	13.0	16.3	22.1	16.2
2020 年比 2016 年增长比例(%)	17.9	34.0	14.6	19.3	12.4	36.4	13.3

数据来源:《辽宁省教育统计年鉴(2016—2020 年)》。

(二)生均教学仪器设备值增幅较大,各地区间存在一定差距

生均教学仪器设备值持续增长。2016—2020 年,全省普通高中办学条件逐步改善,生均教学仪器设备值由 2636.70 元增加到 3391.70 元,增幅达 28.60%,见图 1-27。

各市生均教学仪器设备值差距明显。2020 年,沈阳、大连、鞍山、抚顺、本溪、盘锦的生均教学仪器设备值大于全省均值,铁岭的生均教学仪器设备值全省最低,见表 1-38。2016—2020 年,各市生均教学仪器设备值增长幅度差异明显:增长幅度较大的三个市盘锦、营口、沈阳,其增幅分别达到 338.80%、69.50% 和 63.10%;增长幅度较小的两个市葫芦岛和辽阳,增幅分别为 -34.30%、3.40%。

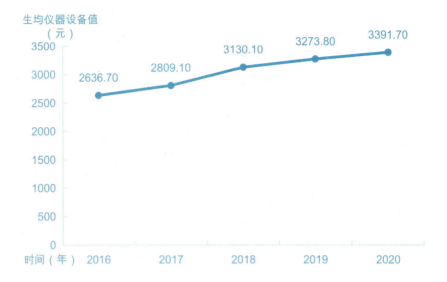

数据来源：《辽宁省教育统计年鉴（2016—2020 年）》。

图 1-27　2016—2020 年辽宁省普通高中生均仪器设备值

表 1-38　2016—2020 年辽宁省各市普通高中生均仪器设备值情况

（单位：元）

项目	沈阳	大连	鞍山	抚顺	本溪	丹东	锦州
2016 年	3281.10	3813.20	2730.50	3476.90	3358.60	2246.70	1682.80
2017 年	3762.80	3667.70	2779.50	3587.90	3404.10	2299.40	1780.80
2018 年	4682.40	4096.70	3096.60	3658.80	3643.20	2387.90	1910.40
2019 年	5239.40	4119.40	3031.80	3723.30	3826.00	2781.00	1987.20
2020 年	5351.00	4174.00	3550.40	3914.40	4207.10	2754.10	1994.00
2020 年比 2016 年增长比例（%）	63.10	9.50	30.00	12.60	25.30	22.58	18.50

续表

项目	营口	阜新	辽阳	铁岭	朝阳	盘锦	葫芦岛
2016 年	1790.80	1886.80	2700.30	1070.50	2410.80	966.90	3072.20
2017 年	2038.80	1783.90	2738.30	1089.10	2549.60	2537.40	3092.10
2018 年	2102.50	2024.80	3001.70	1127.10	2633.60	2725.50	3366.20
2019 年	2924.90	2093.20	3316.50	1106.30	2754.80	3910.70	1997.20
2020 年	3034.50	2290.20	2791.60	1319.40	2795.30	4239.50	2017.70
2020 年比 2016 年增长比例（%）	69.50	21.40	3.40	23.30	15.95	338.46	−34.30

数据来源：《辽宁省教育统计年鉴（2016—2020 年）》。

（三）生机比、校园网覆盖率稳步提升

随着"以教育信息化带动教育现代化"国家战略的确立，教育信息化迎来了快速发展时期。"十三五"期间，辽宁省普通高中百名学生拥有教学计算机数量持续增加，生机比由 2016 年的 5.5∶1，降至 2020 年的 4.8∶1；校园网覆盖率由 2016 年 92.20% 提高到 2020 年的 96.50%，提升了 4.30%。见表 1–39。

表 1–39 2016—2020 年全辽宁省普通高中信息化建设情况

年份	生机比	校园网覆盖率（%）
2016 年	5.5∶1	92.20
2017 年	5.4∶1	93.30
2018 年	5.2∶1	94.70
2019 年	5.0∶1	95.70
2020 年	4.8∶1	96.50

数据来源：《辽宁省教育统计年鉴（2016—2020 年）》。

各市生机比差异较大，改善幅度差异明显。2020 年，沈阳、大连、抚顺、本溪的生机比低于全省均值，阜新市的生机比最高，见表 1-40。2016—2020 年，各市普通高中生机比改善情况差异较大：生机比降幅较大的三个市为盘锦、阜新、铁岭，其降幅分别达到 34.1%、27.1% 和 17.5%，但是，三个市的生机比仍落后于全省平均水平；生机比降幅较小的三个市为锦州、大连和沈阳，其降幅分别为 2.8%、4.9% 和 5.8%。由于沈阳和大连原有基础较好，降幅也较低，但是生机比均仍低于全省平均水平。

表 1-40 2016—2020 年辽宁省各市普通高中生机比情况

项目	沈阳	大连	鞍山	抚顺	本溪	丹东	锦州
2016 年	3.4：1	4.1：1	5.9：1	4.8：1	5.4：1	8.0：1	7.2：1
2017 年	3.3：1	4.0：1	5.8：1	4.8：1	5.3：1	8.0：1	7.2：1
2018 年	3.2：1	4.0：1	5.6：1	4.6：1	5.2：1	7.5：1	7.0：1
2019 年	3.1：1	4.0：1	5.2：1	4.3：1	5.0：1	7.0：1	7.4：1
2020 年	3.2：1	3.9：1	4.9：1	4.2：1	4.6：1	7.1：1	7.0：1
2020 年比 2016 年下降幅度（%）	5.9	4.9	16.9	12.5	14.8	11.3	2.8

项目	营口	阜新	辽阳	铁岭	朝阳	盘锦	葫芦岛
2016 年	5.4：1	10.7：1	6.2：1	8.0：1	6.4：1	8.5：1	7.6：1
2017 年	5.3：1	9.7：1	6.1：1	7.7：1	6.4：1	8.3：1	7.6：1
2018 年	5.0：1	8.5：1	6.3：1	7.5：1	6.1：1	7.1：1	7.3：1
2019 年	4.9：1	8.5：1	6.1：1	7.2：1	6.1：1	5.9：1	7.1：1
2020 年	4.8：1	7.8：1	5.8：1	6.6：1	5.9：1	5.6：1	6.8：1
2020 年比 2016 年下降幅度（%）	11.1	27.1	6.5	17.5	7.8	34.1	10.5

数据来源：《辽宁省教育统计年鉴（2016—2020 年）》。

（四）体育场馆面积及理科、音体美器材等达标率基本稳定

体育场馆和理科、音体美器材与器材配备是学校建设的重要组成部分，是教育、教学的主要活动场所和重要的课程资源，是全面实施新课程，实现普通高中育人方式转变的基本条件保障。2016—2020 年，全省普通高中体育场（馆）、体育器械、理科实验仪器、音乐器材、美术器材的达标率均有小幅度提高，见表 1–41。

表 1–41 2016—2020 年辽宁省普通高中设施设备改善情况

（单位：%）

年份	体育场（馆）面积达标率	体育器械配备达标率	音乐器材配备达标率	美术器材配备达标率	理科实验仪器达标率
2016 年	93.4	93.0	90.8	92.2	92.0
2017 年	93.5	93.8	91.6	92.6	93.1
2018 年	93.8	93.8	92.0	93.5	93.3
2019 年	95.2	95.2	93.1	94.3	94.8
2020 年	94.8	95.1	93.2	93.6	94.8

数据来源：《辽宁省教育统计年鉴（2016—2020 年）》。

七、普通高中教育经费保障

（一）普通高中教育经费投入力度加大

"十三五"期间，全省普通高中的一般公共预算教育经费由 2016 年的 77.17 亿元增加到 2020 年的 98.35 亿元，增幅为 27.40%；普通高中一般公共预算教育经费占全省一般公共预算教育经费的比例由 10.47% 上升到 11.11%，增长了 0.64%。见表 1–42。

表 1–42 2016—2020 年辽宁省普通高中一般公共预算教育经费情况

年份	普通高中一般公共预算教育经费（亿元）	普通高中教育经费占全省教育经费的比重（%）
2016 年	77.17	10.47
2017 年	81.18	10.59
2018 年	88.85	11.44
2019 年	95.15	11.36
2020 年	98.35	11.11

数据来源：《辽宁省教育统计年鉴（2016—2020 年）》。

（二）普通高中生均教育经费逐年增长

全省普通高中生均一般公共预算教育经费逐年增长，由 2016 年的 12500.45 元增长到 2020 年的 16340.59 元，增幅为 30.72%，见表 1-43。各市普通高中生均一般公共预算教育经费增长情况不一，2016—2020 年，沈阳、大连普通高中生均一般公共预算教育经费增幅较小，但一直高于全省均值。其他各市 2016 年的普通高中生均一般公共预算教育经费均低于全省均值，到 2020 年丹东市、阜新市、铁岭市的普通高中生均一般公共预算教育经费已高于全省均值。2016—2020 年，普通高中生均一般公共预算教育经费增幅较高的市分别为丹东市（150.73%）、阜新市（74.32%）和营口市（69.13%）。

表 1-43　2016—2020 年辽宁省普通高中生均一般公共预算教育经费情况

（单位：元）

项目	2016 年	2017 年	2018 年	2019 年	2020 年	2020 年比 2016 年增长比例（%）
全　省	12500.45	13074.51	14039.96	15479.41	16340.59	30.72
沈阳市	22099.80	21857.98	21383.40	22368.41	22371.26	1.23
大连市	18695.77	17523.33	17179.12	20113.03	20174.63	7.91
鞍山市	10597.28	11178.86	13121.99	14499.55	14687.87	38.60
抚顺市	12164.44	14407.84	16004.34	14147.25	14731.64	21.10
本溪市	10866.89	11655.39	10531.92	12182.91	11887.03	9.39
丹东市	9334.03	8680.74	11159.90	12665.27	23403.29	150.73
锦州市	8670.92	11312.51	12692.72	12194.97	11950.60	37.82
营口市	8769.09	10698.01	17119.64	14271.40	14831.46	69.13
阜新市	9903.37	9911.35	11655.74	14211.62	17263.96	74.32
辽阳市	10528.79	11010.61	10666.66	13017.93	14547.38	38.17
铁岭市	11145.30	12848.15	14007.49	14132.22	16342.83	46.63
朝阳市	7626.71	8297.85	8051.90	9962.66	11506.81	50.88
盘锦市	7736.40	8705.71	11291.80	11593.02	11958.54	54.57
葫芦岛市	8472.57	10393.55	9769.84	14266.43	11379.91	34.31
沈抚示范区	—	—	10061.05	13750.28	14220.41	—

数据来源：《辽宁省教育统计年鉴（2016—2020 年）》。

第四节
特殊教育和民族教育事业发展分析

"十三五"时期,辽宁省始终以"办人民满意的教育"为宗旨,积极贯彻落实党和国家的系列文件精神,并制定了《辽宁省人民政府关于加快发展民族教育的实施意见》《辽宁省第二期特殊教育提升计划实施方案(2017—2020年)》等文件,通过加大投入、强化保障等举措,使特殊教育和民族教育事业快速发展,为全省建设高质量的教育体系打下坚实基础。

一、特殊教育规模

(一)特殊教育学校数量有所增加

"十三五"时期,全省义务教育阶段特殊教育学校数量持续增长。2016年全省有特殊教育学校75所,到2020年底,全省共有特殊教育学校86所,较2016年增加11所,见图1-28。

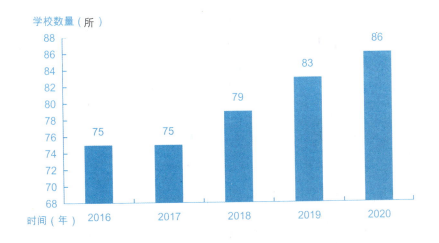

数据来源:《辽宁省教育统计年鉴(2016—2020年)》。

图1-28 2016—2020年辽宁省特殊教育学校数量

（二）特殊教育学生数量逐年增长

义务教育阶段特殊教育招生人数、毕业生数、在校生数均大幅增长。截至 2020 年，全省特殊教育学校毕业生 2119 人，较 2016 年增加 1084 人，增幅达 104.73%；招生 2638 人，较 2016 年增加 1280 人，增幅达 94.26%；在校生 15310 人，较 2016 年增加 6014 人，增幅达 64.69%。见图 1-29。

数据来源：《辽宁省教育统计年鉴（2016—2020 年）》。

图 1-29　2016—2020 年辽宁省特殊教育学生数量

（三）随班就读和送教上门学生数量大幅增加

"十三五"时期，辽宁省随班就读和送教上门学生数量显著增长。截至 2020 年底，全省共有小学随班就读学生 2969 人，较 2016 年增加 1342 人，增幅高达 82.48%；普通初中随班就读 1528 人，2016 年仅为 539 人，增加 989 人，增幅高达 183.49%。见图 1-30。2020 年，全省小学送教上门 1253 人，初中送教上门 449 人，较 2018 年分别增长了 70.01% 和 149.44%。

数据来源:《辽宁省教育统计年鉴(2016—2020年)》。

图 1-30 2016—2020年辽宁省特殊教育学生随班就读情况

(四)特殊教育教职工数量增长较缓

特殊教育教职工数量与快速增长的学生数量形成较大反差,增速极为缓慢。截至2020年底,全省共有教职工3022人,与2016年相比增加225人,增长8.04%;专任教师2285人,较2016年增加176人,增长8.35%。见图1-31。

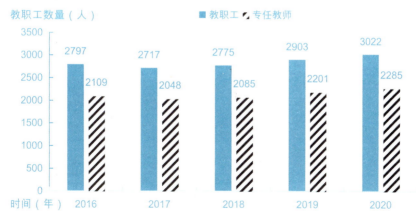

数据来源:《辽宁省教育统计年鉴(2016—2020年)》。

图 1-31 2016—2020年辽宁省特殊教育教职工和教师情况

二、民族教育规模

（一）少数民族学生数量及占比稳中有升

"十三五"期间，全省少数民族学生数量逐年上升。2020 年，小学阶段少数民族在校生人数达 42.4 万人，占全省小学生数量的 21.50%；初中阶段少数民族在校生人数达 21.9 万人，占全省初中学生数量的 21.80%；少数民族在园幼儿数为 12.5 万人，较 2016 年增加 2.1 万人；中职少数民族学生数量从 5.6 万人减少至 5.3 万人，但在全省中职学生数量占比略有增加，从 17.5% 增至 20.7%。见表 1-44。

表 1-44 2016—2020 年辽宁省少数民族在校生数

年份	幼儿园		小学		初中		普通高中		中职	
	学生数（万人）	占比（%）	学生数（万人）	占比（%）	学生数（万人）	占比（%）	学生数（万人）	占比（%）	学生数（万人）	占比（%）
2016 年	10.4	11.40	39.5	19.80	20.1	20.50	12.7	20.30	5.6	17.50
2017 年	11.2	11.70	39.2	20.10	20.5	21.30	12.9	20.50	5.7	18.20
2018 年	11.7	12.80	40.3	20.60	21.2	21.60	13.1	21.40	5.5	19.20
2019 年	12.4	13.60	41.0	21.00	21.9	21.60	13.2	21.90	4.7	17.80
2020 年	12.5	14.50	42.4	21.50	21.9	21.80	13.6	22.80	5.3	20.70

数据来源：《辽宁省教育统计年鉴（2016—2020 年）》。

（二）少数民族教师数量保持稳定

近五年，全省少数民族教师数量保持稳定，各级学校中教师数量上下浮动不超过 2000 人，见表 1-45。义务教育阶段少数民族教师数量最多，教师占比最高，超过 20%。2020 年，学前教育少数民族教师 1.1 万人，较 2016 年增加 2000 人，为基础教育阶段少数民族教师最大增量。

表 1-45 2016—2020 年辽宁省少数民族教师数量

年份	幼儿园		小学		初中		普通高中		中职	
	教师数（万人）	占比（%）	教师数（万人）	占比（%）	教师数（万人）	占比（%）	教师数（万人）	占比（%）	教师数（万人）	占比（%）
2016 年	0.9	13.80	3.0	21.20	2.1	20.70	0.9	17.90	0.3	12.70
2017 年	1.0	14.00	3.0	21.10	2.1	20.80	0.9	18.10	0.3	12.70
2018 年	1.0	14.40	2.9	21.10	2.1	20.90	0.9	18.20	0.3	13.00
2019 年	1.1	14.60	2.9	21.00	2.1	21.00	1.0	18.30	0.4	18.80
2020 年	1.1	14.60	2.9	21.00	2.1	21.10	1.0	18.50	0.3	14.10

数据来源：《辽宁省教育统计年鉴（2016—2020 年）》。

第二章
学前教育普及普惠与
规范发展的新格局基本形成

近年来，辽宁学前教育事业快速发展，学前教育资源迅速扩大，学前教育普及水平大幅提高，管理制度日趋完善，"入园难""入园贵"等问题得到了有效缓解。随着学前教育经费投入的不断提高，学前教育事业不断发展，普惠性学前教育资源日益扩大，政策保障体系不断完善，监管体制机制逐步加强，学前保教质量日益提高，学前教育普及普惠与规范发展的新格局基本形成。

第一节
学前教育改革发展的成绩

"十三五"期间，各级政府把学前教育作为基础教育工作的重点，出台多项政策法规予以扶持，通过将学前教育发展纳入地方发展规划、理顺管理体制、加大经费投入、实施学前教育三年行动计划等多种方式，不断扩大学前教育资源，加强学前教育依法管理，完善学前教育网络，使"入园难"问题得到有效缓解。

一、学前教育改革发展的政策保障更加完善

"十三五"期间，辽宁出台多项政策法规扶持学前教育发展。一是完善学前教育立法，出台了《辽宁省学前教育条例》(以下简称《条例》)。《条例》的出台弥补了辽宁省学前教育立法的缺失，从法律的高度保障了学前教育事业健康、可持续发展，维护了学龄前儿童和保教人员的合法权益。

全省上下以贯彻落实《条例》为契机，不断加强幼儿园管理，规范办园行为。《条例》依托媒体大力宣传，对其立法背景、意义及解决的主要问题进行了解读，辽宁电视台及辽宁发布公众号纷纷报道《条例》施行，在全面普法的同时也在全社会营造了关心支持学前教育发展的氛围。二是出台了一系列学前政策文件，出台《辽宁省第三期学前教育行动计划（2017—2020 年）》，以实施第三期学前教育行动计划为抓手，推动学前教育深化改革规范发展，积极构建公益普惠的学前教育公共服务体系。聚焦民生工程，强力扩充学前教育普惠资源，出台《辽宁省普惠性民办幼儿园认定及管理办法》，推进新建、改扩建幼儿园项目，扶持普惠性民办幼儿园，提升普惠性幼儿园覆盖率。贯彻落实国家部署要求，采取有力措施强力推进城镇小区配套幼儿园治理工作，印发《辽宁省城镇小区配套幼儿园治理工作方案》，出台《辽宁省城镇居住小区配套幼儿园建设管理办法》，以县（区）为单位扎实开展摸底排查，聚焦内涵发展，着力提升学前教育整体质量。出台《辽宁省幼儿园课程实施意见（试行）》《进一步规范幼儿园办园行为的通知》。同时启动修改《辽宁省幼儿园管理办法》《辽宁省幼儿园评估定级标准》《辽宁省小规模幼儿园暂行管理规定（试行）》等配套文件。

二、普惠性学前教育改革发展经费保障机制更加健全

辽宁省各级财政通过利用中央扶持资金及设立学前教育专项经费等多种方式，扶持城市、农村及贫困地区、民族地区公办幼儿园建设和普惠性幼儿园发展。出台了《辽宁省财政厅省教育厅关于全省学前教育生均公用经费基准定额的通知》（辽财教〔2018〕603 号），明确了生均补助标准。从 2019 年起，全省学前教育公用经费财政补助生均基准定额为每生每年 500 元。同时省财政厅和省教育厅建立学前教育公用经费财政补助生均基准定额动态调整机制，根据学前教育事业发展情况、财政状况、物价变化等因素适时调整基准定额。

在此基础上，省内城市根据自身经济发展水平出台了幼儿园运行经费补助政策，沈阳市对符合条件的公办和普惠性民办幼儿园提高补助标准，每生每月平均达到 300 元，用于弥补幼儿园公用经费性质的运行支出、改善办园条件、保障教师待遇等方面。仅三年行动计划期间，沈阳市、区（县）两级财政累计投入学前教育奖补资金达 5 亿余元，每年惠及约 11 万名学前儿童。大连市对城乡公办幼儿园分别按照每生每月 365 元和 230 元的标准给予补贴，每年市、区（县）两级政府投入补贴资金 3 亿多元，其中市级财政投入超过 50%，惠及在园幼儿 7 万多人。2019 年，大连市为进一步提高农村公办幼儿园运行水平，将生均补助标准提高到每生每月 300 元，市、区（县）两级政府每年增加投入 1000 多万元。

三、学前教育依法依规规范管理不断加强

为提升学前教育质量，辽宁出台多项政策加强学前教育规范管理，在管理体制、管理机构、办园标准、队伍建设等方面都做出了相关规定。全省建立了以县（区）为主、县（区）乡共管的学前教育管理体制，明确了各级政府的管理职责。全省启动了"学前教育管理信息系统"建设工程，推进了学前教育常规管理精细化和科学化。在监管方面，一是加强日常监管。强化对幼儿园师资配备、安全防护、卫生保健、保教质量等方面的动态监管。主动接受社会监督，健全家长投诉渠道，及时回应和解决家长反映的问题。二是全方位规范办园行为。重点围绕办园条件、安全卫生、保育教育、教职工队伍、内部管理等方面，组织开展办园行为督导评估工作。三是强化安全监管。落实相关部门对幼儿园安全保卫和监管责任，提升人防、物防、技防能力，建立全覆盖的幼儿园安全风险防控体系。落实园长安全主体责任，健全各项安全管理制度，通过定期开展安全应急演练等措施，提高幼儿安全意识和防伤害能力。四是强化无证园治理。按照教育部门的统一部署，全省各级进行了学前教育大督查、大调研工作，重点摸清无证园情况。全省各级教育行政部门依托街道、社区开展了深入的无证园排查整治工作，共查出需治理的无证园 1304 个，通过颁发许可证或取缔的方式，现已全部治理完成。

四、学前教育普惠发展加速推进

以三期行动计划顺利出台为标志，学前教育公共服务体系建设加速推进。全省各级坚持公益普惠的学前教育发展方向，把编制实施三期行动计划作为重点，积极构建覆盖城乡的学前教育公共服务体系。科学安排工程项目，利用中央专项和全省资金，实施公办幼儿园、乡镇公办中心幼儿园、村村覆盖幼儿园建设工程和农村普惠性幼儿园提质晋级项目。"十三五"期间，大力推进新建和改扩建幼儿园、改善办园条件，扶持农村幼儿园发展，回收小区配套幼儿园。持续扩大普惠资源，全省 14 个市全部出台普惠性幼儿园认定办法，通过政府购买服务、生均补贴等多种形式扶持普惠性幼儿园发展，"入公办园难、入民办园贵"问题得到有效缓解。

五、学前教育保教质量全面提升

全省召开全面启动推进《3—6 岁儿童学习与发展指南》（以下简称《指南》）工作大会，成立 5 个专题研究中心教研组，明确了贯彻《指南》的目标任务和保障措施。为农村幼儿园教师配发了《辽宁省 3—6 岁儿童学习与发展教师指导手册》，解决了教师"教什么、怎么教"的问题，有效遏制了幼儿园"小学化"倾向。把发展农村和贫困地区学前教育作为重点，着力补齐发展短板，促进学前教育整体提升。加强教师队伍建设，针对不同层次教师开展了精准培训、兜底培训和高端培训，为解决好发展不平衡不充分的问题，集中力量提高农村和贫困地区学前教育发展水平，组织省内外学前教育专家和优秀园长赴多地区送教下乡，开展精准全员培训。同时，还开展了面向全省普惠性幼儿园园长教师的专项培训，贯彻《指南》园本教研培训等，全省普惠性幼儿园和乡镇中心幼儿园完成轮训。

第二节
学前教育改革发展的问题与不足

"十三五"期间，辽宁省学前教育在资源扩充、普及程度、教育投入等方面都迈上了新的台阶，但由于底子薄、欠账多，学前教育仍是教育体系中比较薄弱的环节，面临诸多问题和挑战，仍处于爬坡过坎的关键期。

一、有质量、普惠性的学前教育资源仍然不足

虽然全省幼儿园总量不小，但达到国家和省定标准、有一定质量的学前教育资源明显不足，表现在以下几个方面：一是公办园短缺。2020 年，全省教育办、集体办和其他部门办等公办性质的幼儿园加在一起约 2776 所，占全省幼儿园总数的 29.3%。二是民办幼儿园两极分化，良莠不齐。在 6694 所的民办园中，虽然有一部分能够达到甚至超过了基本办园标准，为学前儿童提供了优质、多样、可选择的学前教育，但从总体来看，民办园园均规模较小，许多只有一个混合班，还未达到国家规定的最低规模标准（注：国家规定的幼儿园最小规模是 3 个班，90 人），办园条件、师资素质和管理水平都有待提高。三是无证办园管理仍存在难点。在城镇，老城区原有的一些企事业单位和街道办园前些年已被关、停、并、转，园舍改作他用，想再建幼儿园却难找到合适的用地，导致不符合基本办园条件、存在很多安全隐患的"家庭幼儿园""门市房（或库房）幼儿园"应运而生，且点多面广，普遍存在安全和卫生隐患，虽然 2019—2020 年集中整治后已经取缔很多，但后续管理仍存在较大难度。四是新建小区配套幼儿园建设和管理存在问题。一些地区新建住宅小区未达到需配套建园的 3000 户规模，所以小区内和小区间都没有幼儿园的建设规划；有些达到 3000 户规模的住宅小区也因全省强有力的相关政策而未配套建设标准化幼儿园，或建园后未按要求交给当地政府作为公共教育资源统筹

安排，而是办成了高收费的"贵族幼儿园"，虽然解决了小区及周边适龄幼儿"入园难"问题，但又产生了"入园贵"问题。随着城镇化进程的不断加快，进城务工人员随迁子女的增多以及二孩政策的全面实施，对城镇原有学前教育资源带来较大冲击和压力，而且对普惠性幼儿园需求加剧，"入好园难"问题也将持续存在。

二、农村学前教育资源布局调整仍需优化

通过实施多轮"学前教育三年行动计划"，利用中小学布局调整后的富余教育资源和其他富余公共资源优先改扩建成幼儿园、新建幼儿园，农村学前教育资源迅速扩充，部分农村地区"入园难"问题得到一定缓解，但一些地区仍然存在入园远、交通费用高等问题。同时，随着城镇化的不断推进，农村人口不断向城镇转移，农村学龄前儿童也随之大量流出。人口流动的不确定性，给农村幼儿园的布局和资源配置带来极大的挑战，一些农村地区已出现幼儿园生源不足、资源浪费的现象。如何进一步调整优化乡村幼儿园布局，既满足教育公平的需要，又尽量避免资源浪费，已成为迫切需要研究和解决的问题。

三、学前教育投入保障的长效机制尚未完善

充足和稳定的投入与经费来源是学前教育事业发展的重要保障。学前教育的财政性投入是政府对学前教育重视程度的一种衡量体现，学前教育公共投入经费占 GDP 的百分比界定了政府是否从未来人才竞争力高度重视学前教育及其重视程度[①]。《国务院关于当前发展学前教育的若干意见》（以下简称"国十条"）提出：各级政府要将学前教育经费列入财政预算，财政性学前教育经费在同级财政性教育经费中要占合理比例。但其未规定具体占比要求，地方财政对此也无据可依。同时在相关"财政预算"政策中未涉及绝对比例，给学前教育财政投入带来了新的困难。虽然近年来各级政府对学前教育的财政投入大幅度增加，但投入的总量和相对量依然不够。

---

① 周兢. 国际学前教育政策比较 [M]. 上海：华东师范大学出版社，2012：22.

目前，辽宁省学前教育投入多是以项目式、周期式为主，现阶段主要是用于幼儿园的新建和改扩建以及设备添加与贫困资助等。随着幼儿园数量的迅速增加，"保运转、提质量"已是当务之急，急需建立制度性、长期性的投入保障机制。在多项政策的保障下，近年来多地根据本地实际情况，制定并实施了生均奖补办法，特别是对普惠性民办园也采取了一定的扶持机制，但大多数家庭承担学前教育成本的比例仍然偏高，人民群众反映的"入园贵"问题还未得到有效解决。

四、幼儿园教师数量短缺、工资福利待遇低、队伍不稳定现象仍普遍存在，专业素质有待进一步提高

数量充足、素质合格的师资队伍是保证学前教育质量的关键。但长期以来，幼儿教师队伍建设存在诸多问题：一是数量不足，师生比仍未达到国家相关标准。2020 年，辽宁省幼儿园教职工与幼儿比为 1 ∶ 7.03，全体保教人员与幼儿比为 1 ∶ 9.23，"十三五"期间，辽宁省幼儿园生师比逐渐趋向合理，但仍未达到国家规定的全日制幼儿园教职工与幼儿比为 1 ∶ 5—1 ∶ 7，保教人员与幼儿比为 1 ∶ 7—1 ∶ 9。二是专业能力不够，许多教师虽然达到了合格学历（中专），但未取得幼儿教师资格证，部分中小学转岗教师年龄偏大，不熟悉学前教育，不能做到持证上岗，这主要是因为新建、改扩建幼儿园急需新增教师，而培养机构在短时间内难以培养出这么多合格教师，有些合格教师也因工资待遇低而不愿从事幼教工作，幼儿园无奈只能暂时允许不合格教师无证上岗。三是幼儿教师身份不明，正式编制极少，工资待遇较低，有的仅为当地的最低社平工资，很多优秀的教师和师范生都选择了外省工作。据 2020 年调研统计，全省幼儿园教职工总数为 12.96 万人，其中公办在编教师数极少，其中有编制的也大多是占用小学编制，无编制教师工资待遇偏低，有的在农村幼儿园工作了近30 年，至今身份不明，每月工资也只在 500—800 元之间，还无医疗、养老等基本社会保障，造成幼儿教师职业吸引力差，队伍不稳定。在一些公办幼儿园，聘用的教职工的工资与在编教师的工资待遇相差甚远，存在同工不同酬现象。

第三节
学前教育改革发展面临的形势与使命

党的十八大以来，国家连续实施三期学前教育行动计划，推动学前教育快速发展，有效缓解了"入园难、入园贵"问题。学前教育事业发展是建设高质量教育体系的重要组成部分，是实现学前教育普及普惠安全优质发展，提高普惠性公共服务水平、扎实推进共同富裕的现实要求，肩负着全面贯彻党的教育方针，落实立德树人根本任务，遵循学前教育规律，强化政府主体责任，健全保障机制，努力满足人民群众幼有所育的美好期盼，为培养德智体美劳全面发展的社会主义建设者和接班人奠定坚实基础的重要使命。

一、学前教育定位的转变为其改革和发展奠定了政策基础

近年来，国家对学前教育的重视程度不断提高，将发展学前教育作为落实教育规划纲要的突破口之一，以战略高度提出"基本普及学前教育"的发展目标。"国十条"首次将学前教育置于国家发展战略和国计民生的高度予以阐释，指出"学前教育是终身学习的开端，是国民教育体系的重要组成部分，是重要的社会公益事业"，"办好学前教育，关系亿万儿童的健康成长，关系千家万户的切身利益，关系国家和民族的未来"。同时，明确了学前教育的公益普惠属性，指出"发展学前教育，必须坚持公益性和普惠性，努力构建覆盖城乡、布局合理的学前教育公共服务体系"。党的十八大以后，进一步强调要"办好学前教育"，并将之作为"努力办好人民满意教育"的重要内容，学前教育迎来进一步发展的机遇。学前教育由党的十七大的"重视"到十八大的"办好"，这意味着学前教育不仅要积极发展，提高普及水平，解决"入园难""入园贵"的问题，而且要科学施教，办出质量，促进儿童身心和谐发展，同时更加关注人民群众的满意程度。党的十八届三中全会《中共中央关于全面

深化改革若干重大问题的决定》中又提出"要加快推进学前教育改革"。这是对当前学前教育发展方向的肯定及督促，并对学前教育发展提出了新的要求。

现在，国家已将学前教育正式纳入国民教育体系，使其成为教育发展顶层设计的一部分。学前教育定位的转变为其发展与改革确立了方向、奠定了基础，表明国家对学前教育的重视已达到历史的新高度，为辽宁省学前教育改革与发展奠定了政策和舆论基础。

二、解决"入园难""入园贵"问题的民生诉求成为学前教育快速发展的外部推力

长期以来，学前教育发展相对滞后，成为各级各类教育中的薄弱环节。学前教育资源，特别是普惠、有质量的学前教育资源相对匮乏，供需矛盾引发"入园难""入园贵"现象，成为社会热议与关注的焦点。"以人为本"的社会发展理念深入人心的同时，人民群众对教育公平的诉求不断攀升，对就近接受普惠、优质学前教育的期望越来越高，而原有的学前教育资源不能满足民生的需求。民众对学前教育的需求成为学前教育快速发展的外部推力，促使学前教育不断扩大资源、规范发展、提高质量，以解决供需矛盾。

三、优化普惠性资源布局、推进普惠性资源扩容增效是经济社会发展的现实要求

随着社会经济的不断发展、城镇化进程的不断推进，人口变化与乡村振兴等诸多因素对推进教育公平、增加普惠性资源供给、完善县（区）普惠性幼儿园布局规划提出了新的现实要求。国家和地方新生育政策的实施与各地的现实情况，要求学前教育政策能够及时修订和调整居住社区人口的配套学位标准，推动城市居住社区、易地搬迁安置区配套建设与人口规模相适应的幼儿园，确保提供普惠性服务，满足就近入园需要。农村学前教育的发展，城乡人口流动的加剧，导致农村人口的动态变化

幅度较大，通过完善农村学前教育资源布局、办好乡镇公办中心幼儿园提出了新的挑战，通过依托乡镇中心幼儿园举办分园、村独立或联合办园、巡回支教等方式满足农村适龄儿童入园需求势在必行。

第四节
学前教育改革发展的思路与目标

从国家层面来看，未来学前教育改革发展方向主要有以下几个方面：一是坚持学前教育公益普惠基本方向，健全普惠性学前教育资源配置、师资队伍建设、经费投入与成本分担等方面保障机制，提升学前教育公共服务水平。二是优化城乡幼儿园布局，持续增加普惠性学前教育资源供给，进一步提高学前教育普及水平，巩固普惠成果，有效满足适龄儿童就近接受学前教育需求。三是坚持以幼儿为本，遵循幼儿学习特点和身心发展规律。坚持以游戏为基本活动，保教结合、因材施教，促进每名幼儿富有个性的发展。推动幼儿园和小学科学衔接，为幼儿后继学习和终身发展奠定基础。四是提升治理能力。加快学前教育立法进程，推进依法治教、依规办园。健全治理体系，加强规范监管，强化安全保障，提升学前教育治理能力现代化水平。

从辽宁的实际情况来看，未来辽宁学前教育发展应着重提升学前教育县域普及普惠水平，提升全省学前三年毛入园率，扩大普惠性幼儿园覆盖率，扩增公办学前教育资源，提高公办园在园幼儿占比；健全学前教育经费投入和成本分担机制，保障学前教育经费投入，积极扶持普惠性幼儿园发展；加强教师队伍建设，保障幼儿教师权益，提升教师素质；推进科学保教，规范园所管理，提升学前教育保教质量。逐步完善覆盖城乡、布局合理、公益普惠的学前教育公共服务体系，使公办学前教育资源持续扩大，普惠性学前教育保障机制进一步健全，幼儿园保教质量全面提高，幼儿园与小学科学衔接机制基本形成。

一、坚持公益普惠，加快扩增公办学前教育资源

公益普惠是学前教育事业未来发展主要方向。进一步完善公办学前教育资源扩增的财政保障、考核激励、日常运行、人员配置等政策措施，实现公办幼儿园的持续扩增，切实发挥公办幼儿园保基本、兜底线、引领方向、平抑收费的主渠道作用。同时拓宽途径扩充普惠资源，规范小区配套幼儿园建设使用，配套幼儿园一律办成公办幼儿园或委托办成普惠性民办幼儿园。加大对普惠性民办幼儿园的扶持力度，引导更多民办幼儿园提供普惠服务。政府的政策设计导向决定学前教育发展的方向，在创建服务型政府、构建公共服务体系的同时，应结合实际情况，把学前教育作为政府提供的公共服务来设计，把发展学前教育作为公共服务体系建设的重要内容，将学前教育发展纳入民生工程。在加快建立覆盖城乡居民基本的公共服务体系的进程中，坚持政府主导，各级政府以普及、规范学前教育为目标，合理配置学前教育资源，加强对学前教育的统筹协调，健全教育部门主管、有关部门分工负责的工作机制，形成推动学前教育发展的合力。同时加强农村幼儿园布局优化与条件改善工程，根据农村生源变化趋势，优化农村学前教育资源布局，加强投入，提高农村学前教育质量。

二、健全学前教育经费投入和成本分担机制

充足和稳定的投入与经费来源是学前教育事业发展的重要保障。市、县级应设立学前教育专项经费，主要用于扩大学前教育资源，特别是农村及经济薄弱地区、民族地区公办幼儿园建设，支持普惠性幼儿园发展，教师资格及骨干教师园长培训，资助家庭经济困难儿童、孤儿和残疾儿童等。结合中央财政重点支持项目，立足省情重点支持农村利用闲置校舍改建幼儿园，支持农村小学增设附属幼儿园，积极扶持普惠性幼儿园

发展等，对多种形式扩大学前教育资源予以基本的保障。对利用富余校舍改建的幼儿园、村小增设的幼儿园进行功能性改造，配备玩教具、保教设备和生活设备，满足基本的办园需求。项目经费的使用以"保基本"为原则，不建超标准、高收费幼儿园。

动态调整公办园生均公用经费或生均财政拨款标准和普惠性民办园补助标准，健全普惠性学前教育投入保障机制。合理确定公办幼儿园收费标准并建立定期动态调整机制，确保公办幼儿园健康可持续发展。依法加强对民办幼儿园收费的价格监管，坚决抑制过高收费。

三、加强教师队伍建设，提升教师素质

教师是学前教育事业发展的质量保障。推动出台全省公办幼儿园教职工编制标准，及时补充公办幼儿园教职工。严格执行教师资格准入与定期注册制度，坚持公开招聘制度，全面落实幼儿园教师持证上岗制度。实行幼儿园园长教师定期培训制度，加强师德师风全员培训、非学前教育专业教师全员补偿培训。

落实公办园教师工资待遇保障政策，统筹工资收入政策、经费支出渠道，确保教师工资及时足额发放、同工同酬。按照政府购买服务范围的规定，可将公办园中保育、安保、食堂等服务纳入政府购买服务范围，公办园和承接主体要依法保障相关劳动者权益。民办园要参照公办园教职工工资收入水平，合理确定相应教职工的工资收入。各类幼儿园教职工依法全员纳入社会保障体系，畅通缴费渠道，农村集体办园的教职工社会保险可委托乡镇中心幼儿园代缴，农村小学附属幼儿园由小学代缴。各类幼儿园依法依规足额足项为教职工缴纳社会保险和住房公积金，社会保障、医疗保障、税务等有关主管部门依法依规对幼儿园教职工缴纳社保情况组织检查，积极开展医保参保宣传进校园等活动，切实保障教职工合法权益。

四、推进科学保教，提升保教质量

健全教研体系，将各类幼儿园全部纳入教研指导范围，提高幼儿园教师科学保教水平。规范办园行为，推动实施幼儿园责任督学挂牌督导制度，加强对教师资质、保育教育、安全卫生等方面的动态监管。

加强办园行为督导，重点对存在安全隐患及园长和教师不具备规定资格等不规范办园行为进行动态督查，限期整改，整改不到位的依法进行处罚。对出现虐童、体罚及变相体罚等严重师德失范行为的幼儿园，年检实行一票否决，对涉事教职工、管理者和举办者依法追究法律责任。加大幼儿园小学化专项治理力度，严禁幼儿园提前教授小学教育内容，推进幼儿园和小学科学衔接。加大校外培训机构执法检查力度，严查面向学龄前儿童开展线上培训和以学前班、幼小衔接班、思维训练班、托管班等名义开展线下学科类（含外语）培训，以及其他违反儿童身心发展规律和接受能力的培训活动。

第五节

学前教育改革发展的任务与举措

近年来，国家对学前教育的重视程度不断提高，继《国家中长期教育改革和发展规划纲要（2010—2020 年）》为学前教育单列一章，提出了基本普及学前教育的总体目标后，国务院先后出台了《关于当前发展学前教育的若干意见》及《关于学前教育深化改革规范发展的若干意见》，提出了"完善学前教育体制机制，健全学前教育政策保障体系，推进学前教育普及普惠安全优质发展，满足人民群众对幼有所育的美好期盼，为培养德智体美劳全面发展的社会主义建设者和接班人奠定坚实基础"的总体要求。辽宁省多措并举，积极推动全省学前教育改革与发展。

一、充分考虑人口政策调整和城镇化进程等因素，增加普惠性资源供给

未来辽宁省应充分考虑人口政策调整和城镇化进程以及新农村建设、地理环境及交通状况等因素，科学预测适龄人口数量及分布情况，以县（市、区）为单位，合理优化幼儿园的办园规模、布局结构和服务半径，保障大多数适龄儿童就近接受学前教育。一是重点在新建城镇住宅小区、城乡接合部和留守儿童集中地新建、改扩建幼儿园。二是着力扩大公办学前教育资源。实施普惠性幼儿园建设工程，新建、改扩建一批公办幼儿园；按照国家要求，将城镇小区配套幼儿园优先办成公办幼儿园，将利用财政性资金建设和国有资产举办的幼儿园全部用于扩大公办资源；通过政府购买服务等方式支持国有企事业单位和集体办园；鼓励地方政府接收企事业单位办园。因地制宜加大村级幼儿园建设力度，解决农村学前教育资源不足问题。三是完善普惠性民办幼儿园扶持机制。要立足于当前本省学前教育公办民办并举、多元化办园的现状和家庭对学前教育需求差异化的现实，制定普惠性民办幼儿园的认定标准，完善扶持办法，通过购买服务、综合奖补、减免租金，派驻公办教师、培训教师，教研指导等方式，支持普惠性民办幼儿园发展。形成公办幼儿园、普惠性民办幼儿园、选择性民办幼儿园比例合理且多元发展的办园格局，满足人民群众多样化的学前教育需求。

二、健全学前教育成本分担机制，提高保障水平

在改革公共财政投入机制方面，要进一步明确学前教育投入占财政性教育经费的比例，要建立与普及目标和普惠要求相适应的学前教育财政投入增长机制，建立公共财政和家长缴费合理分担学前教育成本的机制，切实解决好普惠性幼儿园的运转保障问题和"入园贵"问题。一是要出台相关标准，解决公办幼儿园运转和非在编教师工资待遇难题，确保其可持续发展。二是有条件的地方参照公办幼儿园生均公用经费标准或生均财政拨款标准，对普惠性民办幼儿园进行补助。在具体方式上，

可考虑补教师、补幼儿、补幼儿园三种方式，强调多方式多途径的公共财政投入体制，以平衡公办园与民办园、公办教师与非公办教师、城镇教师与山村教师、入读公办园幼儿和入读民办园幼儿等不同主体的利益。在学前教育成本分担机制方面，可考虑由以县（区）为主的财政、幼儿园举办单位和幼儿家庭三方共同分担，加大县（区）以上各级政府对农村和偏远贫困地区的经费扶持力度。三是完善学前教育资助制度，提高家庭经济困难儿童、孤儿和残疾儿童接受学前教育的资助标准，扩大覆盖范围。将"农村义务教育学生营养改善计划"延伸到幼儿园（班）。

三、创新队伍建设机制，构建幼儿园教师队伍建设保障体系

学前教育发展和质量提升，师资队伍是关键。应努力改善幼儿园教师发展的政策环境，在强化政府职责、保障财政投入、扩大普惠性资源的同时，要深化幼儿园教师培养培训机制、补充机制和工资待遇保障机制改革，通过增加教师编制、提高教师待遇、实施非事业编制教师工资补贴、加大教师培训力度等多种方式，重视幼儿园教师队伍建设及其专业素养的提高。一是要科学规划全省学前教育专业培养格局，明确高等学校、中等师范学校不同层次的学前教育专业的培养规模，加大大学专科层次幼儿园教师的培养力度，深化学前教育专业课程与教学改革，提高培养质量。二是要配足配齐幼儿园教职工，将可调配的编制资源向学前教育倾斜，建立动态补充机制；采取政府购买服务、统一招考、县聘园用的方式补充幼儿园教师，解决编制不足问题；可通过公费定向培养、上岗退费等方式，为农村培养补充合格幼儿园教师。三是进一步提升幼儿园教师工资待遇保障水平，通过生均财政拨款、专项补助等方式，解决公办幼儿园非在编教师、农村集体办幼儿园教师工资待遇偏低问题；引导和监督民办幼儿园依法保障教师工资待遇；将边远贫困地区农村学校教师周转房建设项目覆盖到乡村幼儿园。四是建立完善符合学前教育实际，有利于幼儿园教师专业发展的职称评聘标准，建立幼儿园教师常规化的入职、培训、晋升、流动、考核等事项的登记制度，完善幼儿园

师资队伍的管理，增强幼儿园教师职业吸引力。五是以需求为导向，提高幼儿园教师培训的针对性、实效性，努力提高幼儿园师资的专业素养和实践能力。

四、加强幼儿园动态监管和业务指导，提升保育教育质量

提高保教质量、促进幼儿身心健康成长是学前教育改革发展的核心任务，遵循儿童身心发展规律，防止和纠正幼儿园教育"小学化"是科学育儿的基本要务。一是要落实县级政府对幼儿园的监管责任，建立科学的评估导向，加大监管机构和队伍的建设力度，完善幼儿园动态监管机制，规范办园行为。二是加强学前教育教研力量，健全教研指导网络，进一步完善教研责任区制度，加强区域教研和园本教研。加强学前教育科学研究，支持高校和研究机构的学前教育专业人员结合本地实际开展幼儿园教育实践研究与指导，推进幼儿园内涵建设和科学发展。三是鼓励幼儿园坚持"以幼儿发展为本"，深入贯彻《幼儿园工作规程》和《3—6岁儿童学习与发展指南》，遵循儿童身心发展规律，根据幼儿的发展需要制定课程计划、创设教育环境、指导游戏活动、安排一日生活，开展丰富适宜、富有创意的学前教育活动。四是建立帮扶机制，扩大优质资源共享。发挥乡镇中心幼儿园的辐射作用，加强对农村学前教育的业务指导，探索农村乡镇幼儿园和村幼儿园一体化管理。五是鼓励有条件的幼儿园面向家长和社区开展公益性0—3岁早期教育指导。六是严格规范小学招生和起始年级教学，严禁小学以各种名义进行选拔性入学考试，一年级严格实行"零起点"教学，解除幼儿园教育"小学化"的催生因素，营造科学育儿的良好环境。

第六节
学前教育改革发展的支撑与保障

学前教育是终身学习的开端，是国民教育体系的重要组成部分，是终身教育的第一环节，是重要的社会公益事业。辽宁省出台了多项政策，采取了多项措施普及和规范学前教育，为学前教育改革与发展提供了重要的支撑与保障，使全省学前教育在事业发展、规范管理、科学育儿等多个方面都有了质的飞跃。

一、健全以县（区）为主、县（区）乡共管的学前教育管理体制

辽宁省多份文件都提出逐步建立以县为主、县（区）乡共管的学前教育管理体制，明确各级政府的管理职责。县（区）政府为本辖区学前教育事业发展的主要责任者，负责幼儿园规划布局，安排并落实学前教育经费，负责公办幼儿园建设、公办教师配备与工资保障、公用经费筹措等，负责各级各类幼儿园的审批注册、管理与指导。乡镇政府（街道办事处）继续承担学前教育发展与管理责任，以乡镇中心幼儿园为依托，协助县（区、市）管理本乡镇区域内学前教育机构，开展科学育儿宣传和家庭教育指导，维护学前教育机构安全，提供方便就近、灵活多样、多种层次的学前教育服务；乡镇政府还负责筹措经费，提供场所设施，建设并办好乡镇中心幼儿园、社区幼儿园、村屯幼儿园和幼教点，乡镇区域内学前教育由乡镇中心幼儿园进行"乡村一体化"管理。

二、启动学前教育管理信息系统建设工程，推进学前教育常规管理精细化和科学化

启动学前教育管理信息系统建设工程，对全省学前教育管理信息系统数据采集、管理规范和运行维护等进行部署。全省各级教育行政部门

的管理人员和所辖学前教育机构要全面、细致地收集所有在园儿童与幼儿教师及学前教育机构的基本信息，对所辖范围内的学前教育现状进行动态监管。系统采集的学前教育基础数据信息主要包括学前教育机构基本信息、机构办学条件信息、教职工基本信息、幼儿基本信息、机构班级信息，机构收支信息、机构保教费标准信息、幼儿资助信息和教职工培训信息以及国家、省学前教育发展重大项目管理信息等。通过学前教育管理信息系统的建立，推进学前教育常规管理精细化和科学化。

三、加强督导评估工作，规范园所管理

组织学前教育、卫生保健专家对全省星级幼儿园开展五星级评估定级及复查，通过评估定级实现以评促建、以评促改、以评促发展。抓无证园排查整治。按照教育部门统一部署，全省各级进行学前教育大督查、大调研工作，重点摸清无证园情况。辽宁各级教育行政部门依托街道、社区开展无证园排查整治工作，深入推进全省无证幼儿园的排查治理工作。

第三章

义务教育迈上优质均衡与
高质量发展的新征程

党的十八大以来，在党中央、国务院的正确领导下，在教育部的大力支持下，辽宁坚持以习近平新时代中国特色社会主义思想为指导，深入贯彻党的十八大、十九大和习近平总书记关于教育的重要论述与批示指示精神，全面落实党的教育方针和教育部的重大决策部署，紧紧围绕新时代辽宁全面振兴、全方位振兴的重点任务，坚持把教育摆在优先发展地位，把义务教育均衡发展作为服务经济社会发展的重要使命，聚焦关键环节、强化政府统筹、加大财政投入、完善保障机制、促进教育公平，攻坚克难推进义务教育均衡发展水平再上新台阶，实现义务教育均衡发展的新跨越。2019 年 9 月，辽宁省全域通过义务教育发展基本均衡县（市、区）国家验收，成为全国第 18 个整体通过国家督导评估验收的省份，这不仅是辽宁义务教育发展取得的历史性成就，也是辽宁教育发展史上新的里程碑。

第一节

义务教育改革发展的成绩

一直以来，尤其是党的十八大以来，全省坚持以习近平新时代中国特色社会主义思想为指导，以加强党对教育事业的全面领导为根本保障，按照当前和长远相衔接、重点和全面相结合的基本思路，立足全省经济社会和教育发展实际，突出问题导向、目标导向、任务导向，以全面深化教师队伍建设改革、经费投入保障机制改革、办学模式和管理方式改革、教育评价制度改革等一批标志性、引领性的重大教育改革举措为突破口，遵循"标准引领，建立规范，优质辐射，补齐短板，内涵发展，评价引导"的基本理念，以组织实施一系列重大工程计划为着力点，先后组织实施了义务教育城乡一体化建设、全面改善农村地区薄弱学校办学条件建设、中小学校标准化建设、小规模学校建设和寄宿制学校建设、消除"大班额"等系列工程项目，切实缩小区域间、城乡间、校际间差距，努力推动义务教育均衡发展取得新成果。

一、强化政府履职，完善保障机制，统筹推进义务教育均衡发展

一是不折不扣落实政府责任担当。省委、省政府坚定"四个意识"，做到"两个维护"，坚决执行党中央要求，坚决贯彻落实党中央部署，把义务教育均衡发展作为"一把手"工程，列入省级经济社会发展总体规划和重要议事日程，作为改善民生和脱贫攻坚的重要任务与省政府重点工作，列入"重实干、强执行、抓落实"项目，纳入对各市政府绩效考核指标，强化政府责任，启动政府专项督导评估，强势推进义务教育均衡发展工作。1998 年，辽宁成为全国第 7 个通过国家"两基"验收的省份。在此基础上，省政府于 2002 年根据全省各地经济和社会发展的不同情况，制定并实施了"两类新三片"新一轮普九规划，推进义务教育学校标准化建设，为均衡发展九年义务教育奠定了重要的基础。2006 年，省政府出台了全省推进义务教育均衡发展的指导意见及推进计划，在全国率先启动县域义务教育均衡发展工作。2010 年，省委、省政府在《辽宁省中长期教育改革和发展规划纲要（2010—2020 年）》中明确提出首先实施"义务教育均衡发展工程"。2011 年，省政府与教育部签订《义务教育均衡发展备忘录》，制定了进一步推进义务教育均衡发展的时间表和路线图，同年，省政府实施基础教育强县区创建工程，并把加强省级义务教育均衡发展示范县区建设作为评估验收的主要内容，有力地促进了义务教育均衡发展。2012 年，全省 108 个县级行政规划单位全部完

成"双高普九"任务，提前 3 年实现了全省普及九年义务教育规划目标，并开启了全面推进义务教育均衡发展的新征程。2018 年，为落实国家及省委、省政府部署要求，实现以评促建、以评促改、以评促优，保障城乡义务教育一体化发展目标，省教育厅、省政府教育督导室超前谋划，自 2018 年以来制定了《义务教育优质均衡发展县（市、区）督导评估实施办法》等工作方案，召开全省培训会议，要求市县政府提高认识，加强领导，明确标准，落实责任，统筹推动全省义务教育由"基本均衡发展"向"优质均衡发展"转变。2019 年 9 月，全省 110 个县（市、区）全部通过义务教育基本均衡发展国家验收评估，标志着辽宁省全部按时完成了与教育部签订的《推进义务教育均衡发展备忘录》的规划目标。随后，义务教育优质均衡发展推进工作正式启动，标志着辽宁省义务教育开始迈上优质均衡发展的新征程。

二是切实完善保障政策。省委、省政府立足省情，着眼长远，出台了《关于以习近平新时代中国特色社会主义思想统领指导教育工作的意见》《辽宁教育现代化 2035》《辽宁加快推进教育现代化实施方案（2018—2022 年）》《辽宁省进一步推进县域内城乡义务教育一体化发展实施方案（2019—2022 年）》《关于全面深化新时代教师队伍建设改革的实施意见》《辽宁省人民政府关于进一步完善城乡义务教育经费保障机制的实施意见》《关于全面加强乡村小规模学校和乡镇寄宿制学校建设的实施意见》《关于新时代基础教育高质量发展的实施意见》《辽宁省义务教育优质均衡发展县（市、区）督导评估实施办法》等系列政策文件，提出有效举措，全面保障义务教育均衡发展。

三是统筹推进义务教育均衡发展。省委、省政府和省教育厅连续召开义务教育均衡发展推进会、"全面改薄"工作推进会、全省基础教育改革发展座谈会、推进义务教育改革发展现场会、城乡义务教育一体化改革发展推进会、全省特殊教育工作推进会议，紧紧围绕实现义务教育均衡发展的目标，加大统筹力度，认真细化落实，着力突破均衡发展的瓶颈制约，立足"保基本，兜底线"，推进义务教育均衡发展。

二、坚持德育为首，贯彻"五育并举"，有效引领义务教育均衡发展

一是加强党建引领。辽宁省委、省政府坚持以强化党建和德育工作为首，积极推进"五育并举"，引领义务教育均衡发展。2016年以来，认真贯彻中组部与教育部党组联合印发的《关于加强中小学党的建设工作的意见》，积极协同省委组织部转发文件抓好落实，在全省农村寄宿制学校管理工作会议上对加强中小学党建工作进行了重点部署，并认真开展有关调研和经验总结工作。2018年，省委正式设立"省委教育工委"，全面负责指导全省各级各类学校党的建设工作。省教育厅（省委高校工委）成立中小学党建工作处，专门负责中小学校党的建设工作。召开了全省中小学党建工作座谈会，组织400名中小学校党组织书记参加了全国网络培训，配合省委组织部开展了专项督导，督促各地基本理顺了党建工作体制，基本实现了党组织全覆盖，为进一步全面引领义务教育改革发展提供了坚强的政治、思想和组织保障。

二是全面落实立德树人根本任务。2016年召开了全省中小学德育工作会议，周密部署全面落实立德树人根本任务。教育部在大连市沙河口区召开了全国劳动教育实验区项目现场推进会，并获评全国中小学优秀德育工作案例。抚顺市雷锋小学55年坚持开展学雷锋活动，得到习近平总书记勉励，在全国产生深远影响。2018—2019年，有54万名中小学生参加践行社会主义核心价值观主题作文网络征集展评活动，覆盖4800余所中小学近300万学生的"创文明校园·做最美少年"活动全面实施。同时，实施美育质量提升工程，全省认定中小学美育特色学校124所，落实每天一小时阳光体育活动，遴选全国校园足球特色学校（幼儿园）1221所、校园足球试点县（市、区）6个，全国校园篮球特色校210所，省中小学体育艺术示范县（市、区）33个、"体育艺术2+1项目"活动先进学校402所。扎实开展儿童青少年近视防控工作。加强劳动教育、卫生健康教育、国防教育和科技教育，不断提升学生综合素质。

三、推进办学模式改革，有序扩增优质教育资源，整体提升义务教育均衡发展水平

一是扩大优质教育资源覆盖面。辽宁省教育厅于 2018 年制发《关于推进义务教育办学模式改革 促进城乡义务教育一体化发展的指导意见》，提出各地要创新管理机制，大力推进学区制管理、集团化办学、委托管理、教育联盟、对口帮扶等多种办学模式改革，实施优质带动，实现优势互补，促进共同发展，扩大优质资源覆盖面，整体提升区域内义务教育学校教育质量和办学水平，有效缩小城乡、校际差距。近年来，为充分发挥优质教育资源的带动辐射作用，辽宁省在各地率先探索优质资源辐射、帮扶薄弱学校和地区工作模式基础上，全省各地结合本地实际，积极开展办学模式改革，快速推进了城乡义务教育一体化发展进程。大连市 2016 年制发《关于推进义务教育阶段集团化办学工作的意见》和《义务教育阶段一体化教育集团建设试点方案》，启动了义务教育集团化办学工作，实现了在学科教学、教育教学管理、教师培训、校园文化等方面全市城乡优质资源共享，使教育集团成为推动义务教育优质均衡发展的新动能。

二是推进标准化学校建设。2011 年开始，辽宁省大力推进义务教育学校标准化建设，将每年完成总量 20% 的建设任务列入省政府对各市政府考核的指标体系。辽宁省将"全面改薄"工作与推进义务教育学校标准化建设有机结合、整体推动，确保资金使用效益，确保改一所成一所。"全面改薄"工作，全省规划投入 47 亿元资金，拟改造 3044 所学校。截至 2018 年底，校舍建设、设备购置任务分别完成五年规划的 65%、53%，尤其重视改善偏远贫困地区为保障学生就近入学而保留的小规模学校和教学点的办学条件，实现全省 70% 以上学校主要指标达到了省定标准。按照《辽宁省义务教育学校标准化建设主要指标体系》及检查验收细则，积极推进学校标准化建设，促进学校教学设施、仪器设备、图书资料、实验室、信息化等资源配置基本均衡。2019 年 9 月，全省 110 个县（市、

区）全部通过国家义务教育基本均衡发展验收评估，全省各义务教育学校生均面积等 8 项主要指标均达到国家验收标准。

三是以教育信息化促进城乡优质教育资源共享。"十三五"期间，辽宁省高度重视教育信息化建设，以"三通两平台"建设为基础，推进"三全两高一大"工作，学校信息化条件明显改善，资源公共服务平台及"人人通"建设取得阶段性成果。2018 年召开了全省教育信息化工作会议，全面部署贯彻落实 2017 年全国教育信息化工作会议精神，深入落实《教育信息化"十三五"规划》，不断完善管理体制和工作机制，大力加强教育信息化建设。按照《辽宁省中小学学校信息化建设标准（试行）》，深入推进全省中小学信息化建设，推进"三通工程"建设，截至 2020 年 9 月，全省中小学校互联网接入率达到 98.38%，基本实现学校宽带网络全覆盖，"班班通"实现率达到 89.99%。初步完成省教育资源公共服务平台建设，中小学校网络学习空间开通率达 88.26%，教师网络学习空间开通率达 89.59%，全省 5 个区域，22 所学校被评为教育部网络学习空间优秀区域和学校。全省每百名学生拥有计算机 14 台，小规模学校按最大班额配置，教师人手一机。积极组织数字校园规范建设行动、信息与通信技术环境下教育教学创新展示评选、精准菜单式送教下乡培训等活动，提高教师及学生的信息素养，推动师生适应信息化等新技术变革，推进学校信息化建设与应用。如今，大多数学生已能熟练运用计算机和多媒体技术，接触越来越多的优质课程资源，互联网＋教育让乡村孩子走进大千世界，成为乡村孩子探索未知世界、与城市教育接轨、与未来社会相融的最好路径，基本实现了城乡优质网络课程资源的共享。

四是进一步深化义务教育集团化办学改革。2019 年 11 月，省委省政府印发《关于新时代基础教育高质量发展的实施意见》，提出集团化办学改革的工作要求。省教育厅坚持问题导向，深化体制机制创新，全面深化义务教育集团化办学改革，为拓展延伸优质教育资源、推动义务教育高质量发展探索新途径。为深入推进辽宁义务教育集团化办学改革，省教育厅出台《关于推进义务教育办学模式改革促进城乡义务教育一体化发展的指导意见》《关于进一步深化义务教育集团化办学改革的指导意见》等一系列文件，以优质学校为龙头，吸收薄弱学校组建紧密型或松散型教育集团，通过管理重构、资源重组、体制创新，实现优质教育资源的拓展和增值。2020 年底，辽宁省义务教育阶段已成立教育集团 661 个，涵盖成员学校 2687 所，义务教育阶段优质教育资源覆盖率已达到了 61.8%，惠及中小学生近 200 万名。此项成果得到了教育部的充分肯定，在 2020 年全国基础教育改革会议上进行了经验介绍，获评"2020 全国区域教育改革十大样本""全国基础教育优秀工作案例""辽宁省基础教育教学成果特等奖"，被《人民日报》、新华社、《光明日报》等主流媒体宣传报道，取得了阶段性的成效。全省教育集团和成员学校数量明显增加，优质义务教育资源更加均衡，教育教学质量明显提升，教育信息化水平大幅提升，城乡义务教育一体化加速发展。

四、优先补齐短板，关爱弱势群体，大力促进义务教育公平发展

一是"两为主"保障外来务工人员随迁子女就学。近几年随着城镇化的推进，全省每年都有 20 余万名外来务工人员随迁子女从农村涌向城区，为保障其与城里孩子一样享受义务教育优质资源，各地建立健全保障机制，全面落实国家"两为主"政策，只要在县区教育局登记就可以安排在公办学校免试就近入学，财政给予补贴。稳步推进随迁子女就学机制改革，落实以居住证为主要依据的义务教育阶段随迁子女就学政策，实现 100% 随迁子女进入公办学校就读。同时，随着中考改革政策的落地实施，随迁子女实现了享有与本地户籍学生完全平等的升学机会，让孩子们实实在在感受到政策的殷殷眷顾，感受着同一片蓝天、同一个梦想。

二是完善留守儿童关爱服务机制。建立了"政府主导、部门联动、家庭尽责、社会参与"的工作格局，全面建立家庭、政府、学校尽职尽责，

社会力量积极参与的农村留守儿童关爱保护工作体系，保障每年 2 万余名在读农村留守儿童受到良好的教育和关爱。

三是保障特殊群体平等接受义务教育权利。先后实施两轮"特殊教育三年提升计划"，推动残疾儿童 15 年免费教育，满足了适龄残疾儿童的入学需求。按照"全覆盖、零拒绝"的工作要求，落实"一人一案"教育安置，30 万人口城市已全部建有或完成特殊教育学校建设规划，每个县区至少建有 2 个示范性资源教室，所有乡镇中心学校（幼儿园）均建有资源教室，特殊教育学校生均公用经费全部达到 6000 元，残疾儿童少年义务教育入学率达到 95%，以普通学校随班就读为主体、以特殊教育学校为骨干、以送教上门和远程教育为补充的特殊教育体系已全面建成，特殊群体平等接受义务教育权利切实得到保障。

四是坚决打赢教育脱贫攻坚战。辽宁省在深入调研和广泛征求意见的基础上，组织起草了《辽宁省教育脱贫攻坚规划（2017—2020 年）》。明确坚持精准扶贫、精准脱贫基本方略，聚焦教育最薄弱领域和最贫困群体，按照"分类施策，精准发力""补齐短板，加快发展""就业导向，重在技能""合力攻坚，服务全局"的基本原则，采取有力措施，促进教育强民、资助惠民、就业安民、技能富民。提出在具体工作中落实夯实教育脱贫根基、提升教育脱贫能力、拓宽教育脱贫通道、拓展教育脱贫空间、集聚教育脱贫力量等五大工作任务，强化落实教育脱贫攻坚责任、完善精准帮扶动态管理机制、严格考核督查评估、加强信息公开公示、营造良好舆论环境等五项保障措施。2020 年，建档立卡贫困人口教育基本公共服务全覆盖，贫困地区教育总体发展水平显著提升，服务区域经济社会发展的能力显著增强。

五、加强教师队伍建设，提高教师整体素质，为城乡义务教育一体化发展和均衡发展提供师资保障

一是加强教师队伍建设制度保障。2018 年 7 月，辽宁省在全国率先出台了《关于全面深化新时代教师队伍建设改革的实施意见》。文件印

发后，省教育厅、编办、财政、人社等部门又陆续出台了《关于推进中小学教师"县管校聘"管理制度改革的指导意见》《关于在我省实行农村教师差别化补助政策的实施意见》《关于深化教师管理制度改革的意见》《辽宁省贯彻落实教师教育振兴行动计划（2018—2022 年）的实施意见》等一系列文件，为新时代教师队伍建设工作提供了政策保障。

二是提高教师队伍整体素质。不断加强乡村教师队伍建设，在全国率先实施乡村教师支持计划，提出 11 项举措力挺乡村教师队伍建设。扩大"辽宁省农村义务教育阶段学校教师特设岗位计划"实施规模，2016 年，省教育厅会同省财政厅、省人社厅、省编委办制发《关于继续实施辽宁省农村义务教育阶段学校教师特设岗位计划的通知》，确定了"十三五"期间招聘 5000 人的总体目标任务，当年招聘 1800 余人到农村中小学从教，有效缓解了农村师资短缺问题，累计招聘"特岗教师"12000 余名，为农村学校补充优秀师资。推进县域内义务教育学校教师校长交流轮岗，要求各地对于符合交流条件的校长教师每年交流比例不低于 10%，各地每年均超额完成校长教师交流轮岗工作，逐步促进师资力量均衡配置，促进县域内优质教育资源共享。为贯彻落实《辽宁省乡村教师支持计划实施方案（2015—2020 年）》，省教育厅于 2016 年出台《辽宁省乡村教师素质提升计划（2016—2020 年）》和《辽宁省中小学名优教师校长成长计划（2016—2020 年）》，"十三五"期间遴选 150 名中小学教学名师、600 名学科带头人、3000 名骨干教师、150 名专家型校长和 600 名骨干校长，为他们建立"名师工作室""专家型校长工作室"，发挥他们的示范引领作用，促进中小学教师队伍整体素质的提升；完成乡村骨干教师 2 万余人培训工作，遴选 120 个乡村教师导师团队，通过导师团队和骨干教师的示范引领，提升乡村教师整体教育教学素质，促进城乡教育均衡发展。

三是切实完善中小学教师待遇保障机制。建立了乡村教师差别化补助政策，列入省委、省政府民生实事。制定乡村中小学教师职称优惠政策，在乡村中小学任中级职称满 10 年，可直接评聘副高级专业技术职称，不受岗位职数限制，该项优惠政策，受到了广大乡村教师的热烈欢迎。健全中小学教师工资与公务员工资长效联动机制，印发《辽宁省人民政府办公厅关于进一步保障义务教育教师工资待遇的通知》，核定绩效工资总量时统筹考虑当地义务教育教师实际收入，确保义务教育教师平均工资收入水平不低于当地公务员平均工资收入水平。省政府教育督导委员会加大对此项工作的督导督查力度，将此项工作纳入各市教育履职督导检查重要内容，对经督导检查不达标的市，省教育督导委员会要求限期整改。

六、加强综合治理，规范办学行为，保障义务教育均衡有序发展

一是严格规范中小学校办学行为。省委、省政府出台《关于规范中小学校办学行为和教师教育教学行为的意见》，省教育厅制发《关于深入贯彻落实〈关于规范中小学校办学行为和教师教育教学行为的意见〉的通知》《关于进一步加强普通中小学择校问题治理工作的通知》等重要文件，并召开加强义务教育学校管理工作会议进行重点部署，严格规范中小学校招生管理、课程管理、考试管理，坚决治理"择校热"，努力塑造有利于学生生动活泼学习、健康快乐成长的良好教育环境。

二是严肃查处中小学校及在职教师违规补课问题。推动各地教育行政部门督促辖区内中小学校与主管部门签订规范办学行为承诺书，所有教师与所在学校签订规范教育教学行为承诺书并严格遵守，发现有关违背承诺行为，依规进行严肃处理。近三年来，群众通过民心网投诉中小学生补课问题6908件，其中，学校集中组织补课3254件，在职教师课外补课3654件。经全省各级教育部门及纪检监察机关查处，给予人员处理1856人次，收缴违规违纪金额135.38万元，向人民群众退还违规收费637.47万元。

三是大力开展校外培训机构突出问题专项治理。按照省教育厅等4部门《关于切实减轻中小学生课外负担开展校外培训机构突出问题专项治理工作的通知》，建立教育部门牵头，民政、人社、工商（市场监管）

等部门共同负责的省、市、县三级工作机制，明确主要任务和时间表，实行排查月报制度，重点整治存在重大安全隐患、无证无照或有照无证等学科类校外培训机构的违规办学行为。2019 年 8 月，已完成 14155 个校外培训机构摸底排查工作，发现存在问题的 9226 个校外培训机构，840 个已按要求完成整改，128 人受到处理，所有问题按要求年底前完成全面整改。2019 年以来，省教育厅进一步加大规范办学治理力度，制发《辽宁省教育厅关于全省集中开展在职教师有偿补课等问题专项治理推广沈阳市做法的通知》，决定在全省开展在职教师有偿补课等问题专项治理，并推广沈阳市做法。2019 年省教育厅出台了《辽宁省规范中小学在职教师有偿补课行为"八不准"》，进一步明确在职教师职责，畅通投诉举报监督渠道，加强宣传引导。

第二节
义务教育改革发展的问题与不足

随着经济社会发展，人民群众对优质教育和教育公平的期望越来越高，教育诉求更加多元化，热点、难点、痛点问题日益复杂化。目前，与经济社会发展、人民群众日益增长的对优质教育资源的需求相比，与发达省份相比，辽宁省义务教育改革发展面临的问题主要表现在几个方面。

一、义务教育均衡发展水平不高

一是义务教育发展水平与高位优质均衡的要求还有一定差距。区域、城乡和校际之间的差距较大，城镇挤、农村弱的现象依然存在。城乡学校布局规划尚未调整到位，城镇学校大班额、农村学校办学条件差、教师结构性短缺等问题比较突出。群众"热点校""学区房"情结依然存在。

二是义务教育阶段城乡学校办学条件存在较大差距。农村中小学校取暖条件差，部分学校食堂、教师周转宿舍等生活用房及设施不能满足基本需求。乡村小规模学校和教学点办学条件不足，办学质量不高，不能满足乡村学生的优质教育资源需求。全面改善贫困地区义务教育薄弱学校基本办学条件工作推进难度较大。大量外来务工人员随迁人员子女涌入城市就学就读，给城市义务教育均衡发展带来了较大压力。以大连市甘井子区为例，外来务工人员随迁子女占全区学生总数一直保持在50%左右，而且还在继续增加。学校布局和资源配置方面需要加强制度设计，新建、改扩建学校的布局，教学点和村小的标准化建设，集团化办学的模式与规模，城乡优质资源共享，信息化建设和经费投入等方面，需要在制度上进一步明晰和完善，切实保障义务教育均衡发展。

二、教师队伍建设问题较多

一是农村教师队伍建设短板尚需补齐。部分农村地区因财政困难，农村中小学校多年未补充师资，存在有编不补、农村教师差别化补贴政策落实不到位的情况。从数量上看，城区学校及优质学校超编与农村学校及薄弱学校缺编现象并存，农村学校的音乐、体育、美术、英语等学科教师仍短缺，需要加快补充。从质量上看，农村学校教师专业化整体水平还有待于提高。从结构上看，农村教师平均年龄偏大，学历层次整体偏低，还需进一步改善。

二是中小学教师结构性缺编问题日趋严重。受固有编制限制，一些学校已十多年未补充新教师，教师队伍已出现断层。尤其是高级职称女教师延迟退休后，老龄化更加突显，有些学校1/3以上教师都在50周岁以上，很难胜任繁重的教学任务。学科结构上，中小学普遍存在着工具学科（语文、数学、外语）编制短缺，非工具学科（音乐、美术、书法等）编制剩余。另外，近年来，辽宁省部分地区出现名师、名校长外流现象，城市新增"合同制""派遣制"教师问题凸显。

三、教育经费没有得到全面保障

个别县（市、区）政府对义务教育均衡发展重视不够，尤其是受地方经济下行压力较大、财政性收入明显下滑的影响，在义务教育投入不足，难以满足义务教育均衡发展的需要。部分县（市、区）的财力相对孱弱，对以生均公用经费为核心的经费保障力度不足，各项标准落实不到位，同时专项经费投入少。个别地区拖欠教师地方津贴，义务教育教师工资"不低于"和"两大机制"没有得到全面落实。2020 年，全省一般公共预算教育经费有 20 个县（市、区）是负增长，20 个县（市、区）的普通小学生均一般公共预算教育经费是负增长，15 个县（市、区）的普通初中生均一般公共预算教育经费是负增长，没有达到"两个只增不减"的要求。

四、现代学校制度和治理体系建设没有全面落实

部分地区存在政、校职责边界不清的情况，中小学校办学自主空间受限，学校对人、财、物等办学资源缺乏必要的支配权限，学校内部治理体系不健全，有效的激励机制难于构建，学校办学内在活力不足，教师从教动力不强，校长负责制落实不到位。以人为本和促进学生全面发展的教育理念不牢固，市、县政府以升学率作为评价学校主要指标的现象依然存在，"重智育、轻德育，重教书、轻育人，重知识、轻能力"问题尚未得到根本解决。一些中小学校片面追求升学率，不遵守教学计划，非零起点教学，课外违规办班补课，中小学生课业负担仍然较重，体育、美育、劳动教育等开展不充分，学生体质健康水平下降。

五、评价制度改革不够深入

《深化新时代教育评价改革总体方案》要求落实不到位，部分地区和学校评价导向不清晰，评价的科学性、权威性、系统行、导向性不强，以中高考成绩或升学率片面评价教育工作、学校、校长和教师的情况仍然存在。进一步落实《深化新时代教育评价改革总体方案》和《辽宁省

落实新时代教育评价改革重点任务具体措施》还缺少更具体的抓手，引领教育内外部树立科学的人才观、质量观的权威性和导向性的标准还不明晰，义务教育评价改革缺乏有效的推动力。

六、义务教育优质均衡发展制度供给存在短板

党对义务教育工作的全面领导、教育资源的城乡统筹、教师的县管校聘、中小学办学活力的激发、校园文化建设、学校内涵发展、政府支持保障等制度还需要进一步完善，现有的教育政策制度需要切实落实落地。一是党组织领导下的校长负责制方面，没有根据中小学办学主体地位给予学校适切的人事权、财务权、评价权与激励资源，部分中小学校主要负责人变动过于频繁，不能保障学校发展和教育教学的连续性，部分县区支持校长勇于实践、乐于改革创新的力度较弱。二是资源配置方面，标准化建设、优质资源共享、信息化建设等需要加强制度设计。三是教育质量提升和内涵发展方面，学校文化建设、特色建设、课程改革、教学方式、育人质量等需系统性和整体性不足，要系统规划，协同推进。四是教育生态环境支持力度不足。一方面，校园安全保障体系建设还不健全，从政策制度层面为学校办学安全托底不够；另一方面，家庭高期待和社会低宽容并存的局面，造成学校和教师在舆论上处于非常不利的境地，影响了教师的工作积极性和学校的教学活动，限制了学校办学活力进一步释放。

第三节

义务教育改革发展面临的形势与使命

"十四五"是"两个一百年"奋斗目标的历史交汇期，是具有承前启后、继往开来历史意义的重要阶段，是我国全面深化改革、全面依法治国、全面创新驱动和全面实现国家治理体系和治理能力现代化的关键期。"十四五"时期，义务教育发展所面临的内外部环境可能更加复杂多变，发展的困难挑战可能更加严峻。

一、义务教育改革发展的环境复杂化

从外部环境来看，世界面临百年未有之大变局，在全球化进程和世界经济复苏放缓的同时，新一轮科技革命和产业变革加速演进，尤其是突如其来的新冠肺炎疫情快速在世界蔓延，给教育系统带来了一场大考、连环考，对义务教育人才培养的模式需求发生了转变。

就内部环境而言，我国正处在转变发展方式的攻关期，人民日益增长的美好生活需要和不平衡不充分的发展之间的矛盾凸显。教育作为满足更高需求的社会服务，随着我国国情和发展阶段的变化，教育对象、教育需求也都发生了深刻变化，各类社会弱势群体的服务需求不断提高。全国数千万贫困家庭学生通过知识改变命运的需求更加迫切，教育脱贫的任务更加艰巨。全国义务教育阶段建档立卡辍学学生动态清零工作迫在眉睫。义务教育改革发展和高质量发展成为党中央的重托、老百姓的期望。

二、义务教育重中之重的战略地位日益凸显

"十四五"时期，义务教育发展除了受到国内外复杂多样的环境影响，同时也受到国家宏观教育发展环境的深刻影响，国家重大战略对教育寄予更大期望。党的十八大以来，习近平总书记多次对义务教育改革

发展作出重要指示批示。党中央、国务院先后出台《关于统筹县域内城乡义务教育一体化改革发展的若干意见》《关于深化教育教学改革 全面提高义务教育质量的意见》等系列重要文件，并从布局规划、学校建设、经费投入、教师队伍、学校管理、质量评价等方面进一步完善了义务教育的政策保障体系。

随着中国特色社会主义进入新时代，义务教育的基础性、先导性、全局性地位和作用更加凸显。建设高质量教育体系的重大任务，为今后一个时期义务教育改革发展描绘了清晰蓝图，提供了根本遵循，全面提高义务教育质量已成为我国教育战略性任务。

三、回应民众"上好学"的教育诉求

建设教育强国是中华民族伟大复兴的基础工程，必须把教育事业放在优先位置，加快教育现代化，办好人民满意的教育。从普及程度看，经过几十年的改革发展，我国各级教育普及程度已达到或超过中高收入国家平均水平，义务教育普及率已相当于世界高收入国家平均水平。因此，义务教育发展的主要矛盾已从"有学上"转向"上好学"，各类社会群体对高质量、多样化的义务教育需求日益迫切，个性化学习越来越普遍，对学习途径和方式的自主性要求越来越高，对学校、教师、课程的选择性越来越强，教育服务的评价更趋多元、主观，评价导向从工具属性向价值属性延伸，评价的心理预期、目标参照从"水平高低"向"更加满意""获得感更强"拓展。与不断升级的教育服务需求相比，我国仍是世界上最大的发展中国家，仍然处于社会主义初级阶段，"穷国办最大教育"的国情没有根本改变，义务教育发展仍不平衡、不充分，区域、城乡、校际、群体差距明显，推进教育事业发展任重道远。"十四五"期间，需要全面分析准确理解新阶段人民群众对优质公平义务教育的新需求新期盼，发展教育必须得到人民的认可，不断满足人民群众日益增长的教育需求，把更好更优质的义务教育作为美好的生活愿景和庄严的教育承诺。

第四节
义务教育改革发展的思路与目标

"十四五"时期是我国全面建成小康社会、实现第一个百年奋斗目标之后，乘势而上开启全面建设社会主义现代化国家新征程、向第二个百年奋斗目标进军的第一个五年，是辽宁实现新时代全面振兴、全方位振兴极为关键的五年。面对国内社会主要矛盾变化带来的新特征新要求，面对错综复杂的国际环境带来的新矛盾新挑战，实现经济高质量发展，加快构建新发展格局，对义务教育提出了新的更高要求。需要坚持以习近平新时代中国特色社会主义思想为指导，深入落实全国、全省教育大会精神和《中国教育现代化 2035》《辽宁教育现代化 2035》，坚持加强党对教育工作的全面领导，全面贯彻党的教育方针，落实立德树人根本任务，立足新发展阶段，完整准确全面贯彻新发展理念，融入和服务新发展格局，以推动高质量发展为主题，以深化教育供给侧结构性改革为主线，以改革创新为根本动力，以满足人民日益增长的美好生活需要为根本目的，坚持系统观念，更好统筹发展与安全，着力补短板、强弱项、固优势，积极构建服务全民终身学习的教育体系，大力提高义务教育服务辽宁高质量发展的能力，切实增强人民群众的教育获得感和幸福感，为实现新时代辽宁全面振兴、全方位振兴和基本实现现代化做出更大贡献。

一、基本理念

一是育人为本。教育现代化的核心是人的现代化。义务教育是整个教育体系的基础，是人生成人成才的重要阶段。义务教育阶段应该遵循儿童、青少年的身心发展特点和学习规律，以人为本，从学习者的需要出发，坚持立德树人，因材施教，为其提供基础性、多样化、可选择的学习资源和学习机会，激发学生的学习兴趣、主动性和积极性，促进每个学生身心健康、全面发展，为学生人人成才、奉献社会、造福人民奠定良好素质基础。

二是公平为要。义务教育是法律规定的公民的一项基本权利，教育公平，特别是教育起点公平是社会公平的重要基石。基础教育应为每个儿童、少年提供更公平的教育公共服务，追求全纳的公平、精准的公平、有质量的公平，注重有教无类，一个学生不能少，注重对弱势群体的补偿，努力满足人民群众对更好更适合教育的期盼，促进社会公平正义与和谐。

三是质量为重。质量是服务的核心，提高国民素质和国家竞争力，必须提供优质的教育。硬件的办学设施应达到发达国家平均水平，基本满足选择性、个性化学习需要；软件的师资队伍应该数量充足、结构合理、师德高尚、教育教学能力强；教育过程应该生动、活泼，师生和谐互动、教学相长；培养质量应该使学生获得自身发展的基础能力，并符合国家、社会对人才质量的基本需求。

二、发展思路

（一）以习近平新时代中国特色社会主义思想为指导，全面加强党对教育工作的全面领导

习近平新时代中国特色社会主义思想对中国特色社会主义的发展阶段进行了准确定位，明确指出中国特色社会主义进入了新时代，这是中国特色社会主义发展新的历史方位，为中国特色社会主义理论发展、实践创新提供了新的坐标、新的参照，是实现"两个一百年"奋斗目标的行动指南，也是实现中华民族伟大复兴的行动指南，更是我国一切事业发展的行动指南。教育作为服务和支撑经济社会发展的先导性、基础性、全局性事业，是国之大计、党之大计。要从中华民族伟大复兴战略全局和新时代辽宁全面振兴、全方位振兴大局出发，立足新发展阶段，在习近平新时代中国特色社会主义思想指引下，完整准确全面贯彻新发展理念、融入和服务新发展格局的丰富内涵和实践要求，深刻认识做好新时代教育工作的重要性、紧迫性，切实增强机遇意识和责任意识，准确识

变、科学应变、主动求变，抓住机遇，应对挑战，坚定信心，奋发有为，不断全面深入改革发展。需要把党的建设摆在首位，认真对照习近平总书记提出的"三个着力""三个作表率"的要求，推动全体党员干部树牢"四个意识"，坚定"四个自信"，做到"两个维护"。加强学校党的领导和党的建设工作，保证党的路线方针政策决定不折不扣得到贯彻执行。牢牢把握意识形态工作领导权，落实意识形态工作责任制，加强阵地建设和管理，加大校园安全管理力度，确保教育系统安全稳定。按照省委统一部署要求，实施高质量教育体系党建领航攻坚行动，全面提升教育系统党的建设质量，建立健全学校党建工作评价体系，促进党建工作与教育教学深度融合。

（二）全面落实立德树人根本任务

学校是青少年学生培养的主要阵地，学校的思政和德育工作是社会主义核心价值体系建设中不可分割的一部分，作为学校教育，立德树人是根本。办好人民满意的教育，需要我们以立德树人为根本任务，培养青少年学生健康的人格、美好的心灵，让学生拥有终身学习和成长所需要的知识与能力，能够担当时代赋予的使命和责任。全面推动习近平新时代中国特色社会主义思想和社会主义核心价值观进教材、进课堂、进头脑，充分发挥课堂教学主渠道作用，全面深化课程新理念，不断完善有机衔接、循序渐进的课程体系和教材体系，把党的教育方针和社会主义核心价值观细化为学生核心素养体系与学习质量标准，融入各学科课堂教学中。积极营造培育和践行社会主义核心价值观的校园文化氛围，增强中小学德育针对性实效性，提高思想政治工作质量。大力加强德智体美劳全面发展"五育并举"的素质教育。树立"开放办教育、开门办教育、大家共同办教育"的理念，健全家庭、学校、政府、社会协同育人机制，构建全员育人、全过程育人、全方位育人的格局。

（三）统筹推进义务教育高质量发展

全国教育大会对当前和今后一个时期的教育工作做出了重大部署，要求加快推进教育现代化、建设教育强国、办好人民满意的教育。省委、省政府召开了全省教育大会，深刻阐释了全国教育大会召开的重大意义和战略要求，从培养德智体美劳全面发展的社会主义建设者和接班人、建设教育强省、为加快推进辽宁全面振兴全方位振兴提供有力支撑等方面，对加快推进全省教育现代化作出了全面部署。省委、省政府立足省情、着眼长远，出台了《关于以习近平新时代中国特色社会主义思想统领指导教育工作的意见》《辽宁教育现代化2035》《辽宁加快推进教育现代化实施方案（2018—2022年）》，对建设教育强省作出总体部署和战略设计，是今后一个时期推进辽宁教育事业发展的纲领性文件。省委、省政府还围绕学前教育、义务教育、职业教育、高等教育和教师队伍建设等方面出台了10个配套文件。结合完整准确全面贯彻新发展理念、融入和服务新发展格局、实现高质量发展需求，辽宁省人民政府办公厅印发了《辽宁省"十四五"教育发展规划》，这些文件共同构成了全省教育现代化建设的宏伟蓝图，进一步理清了全省教育事业发展的思路，明确了任务，强化了措施，为有力推动辽宁省教育现代化顺利实施提供了政策保障，为辽宁省教育事业发展指引了方向。

贯彻落实党中央、国务院、省委、省政府关于推动教育高质量发展的一系列重大决策部署，抓好《以习近平新时代中国特色社会主义思想统领指导教育工作的意见》等"3+10"系列文件的落实落地。扩大优质教育资源，全面推行"集团化办学"模式，促进义务教育学校"减负提质"，推进体育美育特色学校建设，深化课堂教学改革。利用5G技术促进全省教育信息化。加强中小学教师队伍建设（包括师德师风、校长班主任名师培训、校长管理末位淘汰制、教师资源配置、教师管理改革）。督促各地落实义务教育生均经费。规范校外培训机构发展，治理民办学校违规招生行为。同时，还要做好在职教师有偿补课治理，减轻中小学生过重课外负担，加强新时代大中小幼一体化德育体系建设，加强教育正面宣传。

（四）大力促进义务教育优质均衡发展

在新时代教育改革发展的新形势下，要结合城乡一体化、基本公共服务均等化、义务教育高质量发展、教育现代化等新目标、新理念提出的新任务，结合辽宁省《义务教育优质均衡发展县（市、区）督导评估实施办法》和《县域义务教育优质均衡发展国家督导评估认定工作规程》，全省上下统筹推进县域义务教育优质均衡发展。推进各地结合每年发布的《县域内义务教育均衡水平和发展水平监测报告》，在动态科学监测基础上，认真摸清底数，采取切实可行措施，软件硬件两手抓，一县一案、一校一策研究解决方案，统筹合理均衡配置资源，全面提高义务教育质量，推进优质均衡发展工作，尽早实现资源配置、政府保障程度、教育质量、社会认可度四个方面的优质均衡目标，不断提升资源配置均衡水平。省政府教育督导室依据各市规划，本着达标一个验收一个的原则稳步推进优质均衡发展县评估验收工作，推动全省义务教育不断向更加均衡、更优质量发展。

三、发展目标

到 2025 年，实现教育公平而有质量的供给，服务全民终身学习的高质量现代教育体系基本形成。义务教育实现优质均衡和城乡一体化发展，教育整体水平位居全国前列，人民群众对教育的满意度明显提高，为新时代辽宁全面振兴、全方位振兴取得新突破提供强大支撑，为到 2035 年基本实现教育现代化、建成教育强省奠定坚实基础。

——教育公平再上新台阶。义务教育巩固水平进一步提升，优质教育资源实现全覆盖。

——教育质量全面提高，学生综合素养大幅度提升，建成优质均衡的基本公共教育服务体系。师资队伍结构更加优化，教师综合素质、专业化水平和创新能力进一步提升。教育教学与信息技术深度融合。

——现代教育治理体系臻于完善。新时代教育评价改革全面展开，教育领域"放管服"改革深入推进，教育管理科学化、民主化、信息化水平明显提高，教育治理体系更加完善，治理能力全面提高。

第五节
义务教育改革发展的任务与举措

习近平总书记多次强调，人民对美好生活的向往就是我们的奋斗目标。进入新发展阶段，义务教育的基础性、先导性、全局性地位和作用更加凸显。辽宁教育已经迈上优质内涵发展的新阶段，人民群众期盼教育资源再优一些、优秀教师再多一些、家庭负担再轻一些、学生成长再健康再全面一些。面对新形势新任务新要求，辽宁需要坚持立德树人、坚持人民至上、坚持改革创新、坚持服务振兴，继续开拓创新、多措并举，引导广大教育工作者不忘立德树人初心、践行为党育人为国育才使命，加快推进义务教育优质均衡发展建设，以义务教育的优质发展助推全省基础教育高质量发展。

一、全面实施新时代立德树人工程

一是坚持不懈用习近平新时代中国特色社会主义思想铸魂育人。持续推进习近平新时代中国特色社会主义思想进教材、进课堂、进头脑，贯穿课程教材建设全过程、纳入各类培训的必修内容，把教材体系、教学体系有效转化为学生的知识体系、价值体系。坚持思政课建设与党的创新理论武装同步推进，更好发挥思政课作为立德树人关键课程作用，用好习近平新时代中国特色社会主义思想大中小学专题教育读本。突出政治启蒙和价值观塑造，大力开展理想信念、社会主义核心价值观、中华优秀传统文化等教育，推广普及国家通用语言文字，引导青少年听党话、感党恩、跟党走。推动党的创新理论全面融入学校思想政治工作，加强青少年思想引领和价值塑造，引导学生树牢"四个意识"、坚定"四个自信"、做到"两个维护"。深入开展以爱国主义为核心的民族精神和以改革创新为核心的时代精神教育，树立中国特色社会主义共同理想。充分挖掘网上网下、课内课外蕴含的丰富教育元素，引导学生学思践悟，推进理想信念教育常态化，深化构建爱国主义教育长效机制。

二是完善思政课一体化建设机制。推动新发展阶段思政课建设高质量发展，不断增强思政课的思想性、理论性和亲和力、针对性。统筹推进大中小幼思政课一体化建设，遵循学生年龄特点、认知规律和教育规律，注重学段衔接和知行统一，整体规划思政课课程目标，调整创新思政课课程体系，统筹推进思政课课程内容建设。用好义务教育三科统编教材。"一校一案"落实《中小学德育工作指南》，引导学生养成良好思想道德、心理素质和行为习惯。深化学校思政课改革创新，发挥马克思主义理论学科支撑作用，全方位提升思政课建设水平。推动课程思政各学段全覆盖，与思政课程、课内外教育教学衔接，使各类课程与思政课同向同行，形成协同效应，实现价值塑造、知识传授与能力培养相统一。建立思政课教师"手拉手"备课机制，推进中小学、职业院校和高校融合式教研备课，探索纵向跨学段、横向跨学科的交流研修机制。充分利用信息化手段，推动名家名师等优质思政课数字教育资源共享。

三是壮大建强学校思政工作队伍。加强中小学思政课教师队伍建设，加强专职思政课教师配备，培育宣传师德标兵、优秀班主任和德育工作者等先进典型。严格落实思想政治工作和党务工作队伍配备的各项指标性要求，完善领导干部带头讲思政课、带头联系思政课教师制度，落实思政课教师职称评审单列计划、单设标准、单独评审制度。实施思想政治工作中青年骨干队伍建设项目，组织开展示范培训、海内外访学研修、在职攻读学位等工作，持续提升思想政治工作和党务工作队伍素质能力与专业水平。

四是构建一体化思政工作新格局。深入实施思想政治工作质量提升工程，全面推进"三全育人"综合改革，加快完善思想政治工作体系。推动社会实践同思政课教育教学有机结合。深入开展"学习新思想，做好接班人"等教育活动。充分发挥英雄模范人物、名师大家、学术带头人等的示范引领作用，深入开展新时代先进人物进校园工作。用好"红色资源"，讲好"战疫故事"，善用"大思政课"。开展"一站式"学生社区综合管理模式改革。完善各类学校党建带团建队建机制，构建党、团、队相衔接的思想政治教育体系。规范学生社团管理。加强原创文化精品创作与推广。发挥校园文化育人功能，推进文明校园创建。加强语言文明教育，建设健康文明的校园语言环境。持续推进"大听课、大调研、大督查"活动和思政课教师教学大赛。

二、推进义务教育优质均衡和城乡一体化发展

一是城乡统筹优化教育资源布局。综合城镇化发展和人口分布及变动趋势，差别化设计城乡义务教育学校布局。按照城市人口总量控制、随迁子女"无门槛"入升学并共享公共服务政策的原则，扩容城市教育承载力。分别在用地比较紧张的中心老城区、城乡接合部、土地资源相对丰富的新城区，采取有偿置换、合并与迁移等形式，按照街道、社区和居住区，在合理的服务半径内安排中小学布点。探索学校用地的多功能使用和资源共享，实现多所同层级学校资源互补、多所不同层级学校资源共享，建构立体的片区学校联合体，使学校呈组团式与社区协同发展。结合村镇体系特征、人口规模、人口结构和空间分布以及流动趋势，在地域比较广阔、地貌相对平坦、交通比较便利、人口居住相对集中的乡镇或农村新型社区集中设立小学和初中，并为学生远距离上学提供校

车等交通服务。在偏远、交通不便、人口居住分散、生源数量不足的地区，保留必要的村小或教学点，确保农村学生和留守儿童就近享受公平、优质的教育。

二是完善学区运行机制，实现学区内教育资源统一管理、共享互补。合理确定学区和学校之间的管理权责，提高学区管理效能。统筹学区内大型设施建设，提高资源使用效率。加强学区内不同学段教育相互衔接，实现学区内学校管理、教师发展、课程建设、教学研究等协同推进、优势互补。加强乡镇中心小学对村小、教学点的指导和管理，探索实施"就近走教""安全走教"，实现教学点与乡镇中心小学的教育教学质量同步提升。

三是提升义务教育学校办学水平。完善县域内城乡中小学布局规划，新建或改扩建一批中小学校，进一步做好随迁子女平等接受义务教育工作。深化义务教育集团化办学改革，充分发挥优质教育资源辐射带动作用，实现集团化办学融合创新发展，开展义务教育均衡发展监测，推动45%以上的县（市、区）完成优质均衡发展省级验收评估。推动全国义务教育优质均衡发展先行创建县（市、区）相关工作，促进全省义务教育优质均衡发展。

四是全面振兴乡村教育。健全城乡一体化学校布局建设、师资配置、经费保障、督导评估等机制，不断缩小区域、城乡、校际教育差距。加快补齐农村教育发展短板，推进乡村小规模学校和乡镇寄宿制学校建设，打造"乡村温馨校园"。完善城乡帮扶制度，加强边远地区、农村地区学校教育信息化建设，推动优质教育资源共享。继续实施农村义务教育学生营养改善计划，继续做好农村留守儿童教育关爱工作。加强控辍保学工作，加大对家庭经济困难学生教育资助力度。

五是深化课堂教学改革。统筹整合国家、地方、校本课程建设，加强校本课程监管，构建学校间共建共享机制。加强教学管理，分学科制定课堂教学基本要求，健全学校教学管理规程，统筹制定教学计划，优化教学环节，严格按照国家课程方案和课程标准实施教学。推动全省义务教育教师岗位"大练兵"活动,不断提升教师队伍教育教学能力和水平。加强和改进教研工作,完善区域教研、校本教研、网络教研、综合教研制度,整体提升义务教育阶段学校教育教学水平。

六是提升义务教育管理水平。落实义务教育学校免试就近入学政策,落实民办义务教育学校招生纳入审批地统一管理,与公办学校同步招生,巩固"择校热"治理成果。系统推进校内"双减"工作,落实全省义务教育学校校内"双减"三年行动计划,充分发挥学校育人主阵地作用,规范学校办学行为,严格规范学校考试管理,提高学校教育教学质量,提高作业管理水平,创新课后服务内容和服务模式,健全课后服务保障机制,不断提升课后服务质量,切实减轻中小学生作业负担。

三、推进弱势群体教育帮扶精准化

一是按照区域常住人口规划学校和学位数,实现常住适龄人口教育全覆盖。适应全省未来城镇化进程,在科学预测适龄人口变动及迁移趋势基础上,按照常住人口规划城镇学校布局及学位安排,以满足相对就近入学需要为原则,坚持新建居民区与配套学校同步规划、同步建设,重点解决城镇大班额和新增适龄人口就近入学问题。

二是完善进城务工随迁子女教育政策,保证迁入人口子女公平受教育权并融入学校和城市社会生活。进一步完善"两为主"政策,提高义务教育体系的开放性和包容性,实现"两免一补"资金和生均公用经费基准定额资金随学生流动可携带,城镇学校全面接纳常住人口子女接受各级各类教育并在当地参加各级升学考试,依法保障进城务工人员随迁子女在城镇入学时的"同城待遇"。建立随迁子女基本公共教育服务保障机制和监测制度,建立政府与学校、社区合作的迁入人口服务制度,推进融合教育,保证迁入人口子女融入学校和城市社会生活。

三是健全农村留守儿童关爱体系,做到对留守儿童关爱精准化。建立以乡镇政府和村委会为主体,民政、妇联和教育等部门多方参与、全社会共同行动的农村留守儿童关爱服务体系。更新农村寄宿制学校资源配置标准，提高寄宿生生活补助标准，不断完善家校联系、心理辅导、社区关怀和志愿服务等机制，重点改善农村留守儿童的安全需求、营养状况和学习条件。

四是完善全覆盖的学生资助体系，做到对困难群体教育帮扶精准化。扩大贫困生资助覆盖面，提高资助水平。以弱势儿童、青少年为重点，在全面实行九年义务教育和农村中职教育免费政策基础上，稳步实行免费学前教育和高中阶段教育，扩大各类家庭困难学生奖、助、贷学金的覆盖范围和资助比例，完善民间参与助学激励政策，完善助学贷款机制，不让一个孩子因为经济贫困而辍学，阻断贫困代际传递。完善留守儿童、困难家庭儿童信息收集和信息分享利用机制，建立定期核查、动态调整机制，做到精准帮扶、人性化帮扶。

四、全面加强新时代教师队伍建设

一是加强师德师风建设。加强和改进新时代师德师风建设。健全教师理论学习制度，坚持用习近平新时代中国特色社会主义思想武装教师头脑。建强教师党支部，建好党员教师队伍。充分发挥"时代楷模"大连海事大学教师曲建武、"全国教书育人楷模"本溪县第五中学教师张万波等模范教师的示范引领作用，建设若干义务教育"师德师风建设基地"，提升全省义务教育师德师风建设整体水平。完善老带新等机制，发挥传帮带等作用，推动教师在育人实践中锤炼高尚道德情操。落实师德第一标准，强化师德考核结果运用。完善多方广泛参与、客观公正科学合理的师德师风监督机制。健全教师志愿服务制度，引导教师在服务社会实践中厚植教育情怀。深入挖掘优秀教师典型，每年命名教书育人模范、中小学领航校长、辽宁省教学名师、最美教师和最美校长（园长），展现当代教师的精神风貌，弘扬优秀教师高尚师德，营造尊师重教良好社会风尚。每年组织教师开展师德师风专项培训。

二是提高教师队伍素质。推进政府、高校、中小学"三位一体"协同育人。加强教师培训，推进中小学教师培训提质增效，完善线上线下混合式培训，分层分类推进教师常态化学习，建立各级各类教师培训个人档案及评价制度。

三是补齐乡村中小学教师队伍短板。深入实施乡村教师支持计划，探索建立教职工编制"周转池"制度，完善中小学教师动态补充机制，2023 年前完成 10000 名左右教师招聘计划，优先补充乡村小规模学校。加大乡村骨干教师培训力度。继续实施"辽宁省农村义务教育阶段学校教师特设岗位计划"。推进县域内义务教育学校教师、校长交流轮岗，推动城镇优秀教师校长向乡村学校、薄弱学校流动。推进落实乡村教师差别化补助政策。加强乡村教师周转宿舍建设，按照规定将符合条件的教师纳入当地住房保障范围。

四是实现中小学教师队伍的区位均衡和统一评聘。推动教师队伍"县管校聘"管理制度改革，建立县域内义务教育学校教职工岗位总量控制、结构合理、余缺互补、动态管理机制，坚持以县为主、统一评聘、动态调配，把"学校人"变为"系统人"，以学区制、集团式、社区化建设为载体，由县级教育行政部门在编制范围内统一调配教师。健全区域内义务教育教师、校长合理流动机制，推进优秀教师和紧缺薄弱学科教师走教，实现区域内同类学校之间教师年龄、职称、学科比例、骨干教师等基本均衡，使城乡学生平等享受优质教师资源。实施省级政府统筹的乡村教师补充机制，实行乡村学校机动编制制度，建立教师临时周转编制专户。根据乡村中小学生源分散、教学点多和乡村教师老龄化的实际，以校为单位按班级核定编制，或者允许乡村学校适当增加附加编制，超编补充乡村中小学薄弱学科教师。加大市域内中小学校编制调剂力度。全面推进中小学教师资格考试制度改革。完善中小学岗位设置管理，畅通教师发展渠道。推进中小学教师职称制度改革。

五是依法保障教师地位和待遇。健全中小学教师工资保障机制，切实保障中小学教师工资待遇，确保义务教育教师平均工资收入水平不低于当地公务员平均工资收入水平。健全教师减负长效机制，清理与教育教学无关的活动。维护教师依法执教的权利，健全教师荣誉保障体系，提高教师政治地位、社会地位、职业地位，宣传先进典型，营造尊师重教良好社会风尚。

六是促进中小学校长、教师的专业化、可持续发展。加强省、市、县三级教师培训机构和专业教育者队伍建设，有机整合培训、教研、科研、电教部门，不断完善教师学习和网络研修的公共服务平台建设。加强教师信息技术的培训，为教师专业发展提供技术支持，使教师能利用大数据科学分析学生学习的状况，及时调整教学行为，实现因材施教。建立教科研研修共同体，通过校本教研、研修培训、学术交流、项目资助、线上互动等方式，分享学习资源，增强合作交流，突破教师自身生活交往和教育教学的原有限定，支持和鼓励教师从狭隘的职业视野走向宽广的公共性视野，追求教育理想，保障其持续健康的专业发展。建立基于优秀校长、教师能力结构的成长与激励机制和基于校长资格的预备校长制度，改革校长遴选办法，营造鼓励支持名师、名校长脱颖而出的制度环境。提高校长、教师待遇，逐步并轨编制内外、公办学校和民办学校校长和教师的社会保障政策，实现校长教师的专业认同，增强其职业荣誉感、使命感、成就感和幸福感，保障校长和教师队伍的专业化、可持续健康发展。

五、推动智能时代教育变革

一是打造一体化数字教育服务体系。推进教育新基建，依托辽宁省教育资源公共服务平台，建成"互联网＋教育"大平台。加速推进省级义务教育精品课、在线开放课程共建共享，强化区块链、云服务、大数据、人工智能等技术在资源公共服务中的应用。全面推进各级教育行政部门开展"一网通办"。推进教育管理与监测体系建设，加强教育教学全流程动态监测。

二是推进数字化校园建设。加大数字校园建设力度，加快数字图书馆、智慧教室、智慧实验室（智能实验室）、虚拟仿真系统等数字化应用场景建设，大力推进数字终端、数字化教学空间等建设，建成智慧教育示范区、智慧教育示范校，实现数字化教学、数字校园建设全覆盖。

三是推进信息技术与教育教学深度融合。加强优秀传统教育和现代信息技术相结合，加快构建"互联网+"人才培养新模式，推进课堂教学变革。加快"同步课堂""专递课堂""网络学习空间"等建设，构建线上线下混合式学习、课内课外互相融通学习新生态。加强教学过程数据收集与分析，推动精准教学和学生评价。加强教师信息技术应用能力培训，提高在线授课、网络教研、教学实施等能力。建设一批信息化融合创新典型区域、标杆学校、示范课例，引领教育教学改革发展。

四是增强网络安全保障能力。落实教育系统网络安全责任制，健全通报机制。加强网络安全体系建设，提升网络安全监测能力。强化在线教育安全管理，提升数据安全特别是个人信息保护能力，实现安全有序共享。开展网络安全培训和攻防演练，提高重大事件应急处置能力，维护广大师生切身利益。

第六节
义务教育改革发展的支撑与保障

义务教育是国民教育体系的奠基阶段，对提升中华民族素质、培养造就亿万个社会主义建设者、促进现代化建设具有全局性、基础性和先导性作用。义务教育是依照法律规定对所有适龄儿童和少年统一实施的具有普及性、强制性、免费性的学校教育，是提升国民素质的基础，实现社会公平的起点。接受义务教育是公民的基本权利，实施义务教育是政府的重要职责，支持义务教育是全社会的共同任务。义务教育的改革发展需要得到政府和全社会的支撑与保障。

一、加强党对教育工作的全面领导，为义务教育事业发展提供坚强的政治保证

坚持教育是国之大计、党之大计，全面贯彻落实习近平总书记关于教育的重要讲话指示精神和党的教育方针。各级党委和政府党组要将习近平总书记关于教育的系列讲话精神与党的教育方针纳入理论学习中心组学习重要内容，列为各级党政干部教育学习培训的专题内容，强化教育理论学习。经常召开党委常委或政府常务专题会议，结合实际及时部署落实相关教育工作，对照各级各类学校学习宣传贯彻党的教育方针专项行动重点任务开展工作，确保国家教育决策部署坚定不移落地落实。始终坚持以党的政治建设为统领，全面加强党对教育工作的领导，落实中小学校党组织领导下的校长负责制，加大基层党建工作力度，将党建工作纳入学校绩效考核和督学督政指标，实现党建与业务工作深度融合。把深入学习习近平法治思想融入学校教育，切实加强法治宣传教育，完善校规校纪建设体系，提升依法治校能力和水平，保证教育事业发展政治方向。

一是牢牢掌握党对教育工作的领导权。坚持和加强党对教育工作全面领导的体制机制，形成落实党的领导纵到底、横到边、全覆盖的工作格局，使教育领域成为坚持党的全面领导的坚强阵地。党委全面领导学校工作，承担管党治党、办学治校主体责任。强化党组织政治功能，健全集体领导、党政分工合作、协调运行的工作机制。推进中小学校党组织领导的校长负责制，实现党组织和党的工作有效覆盖。

二是牢牢掌握意识形态工作领导权。落实意识形态工作责任制。加强课堂教学管理。加强报告会、研讨会、讲座、论坛和读书会、学术沙龙等的管理。加强学校社团管理。落实网络意识形态工作责任制，加强校园网络安全管理，完善校园网络使用实名登记制度，规范师生自媒体管理。落实信息发布"三审三校"制度，加强网站、微信公众号等网络意识形态阵地管理，防止发生涉政重大错误和表述不规范问题。加强网

络舆情搜集研判，做好重大活动、热点问题和突发事件的网上舆论引导，构建清朗网络空间。建立风险防控机制，确保教育系统安全稳定。

三是着力提升中小学校党建工作质量。创新党建工作载体。进一步深化党建品牌创建工作，打造一批中小学党建品牌校，发挥先进典型的辐射带动作用。持续发挥各级各类培训的示范引领作用，扩大培训覆盖面。加强中小学党建工作督促指导，不断提高党建工作科学化、规范化水平。开展中小学校党建课题研究。建立健全学校党建工作评价体系，促进党建工作与教育教学深度融合。

四是全面推进依法治教。坚持以习近平法治思想为引领，持续提升教育系统法治素养和依法治理水平。健全完善依法行政和行政决策制度体系，依法依规制定规范性文件，鼓励专业机构和社会人士参与教育立法、教育标准、教育规划制定和教育决策，大力推进严格规范公正文明教育执法。扎实提升依法治教、依法治校、依法办学能力和水平，推动建立教育法治工作测评指标体系，推动学校完善以章程为核心的现代学校制度，完善法治副校长、法律顾问等制度，健全协同工作机制。

二、完善教育经费投入和管理机制，为义务教育事业发展提供经费保证

坚持教育优先发展，把教育投入作为支撑地区长远发展的基础性、战略性投资。经济社会发展规划优先安排教育发展，财政资金优先保障教育投入，公共资源配置优先满足教育和人力资源开发需要。

一是健全教育投入稳定增长的长效机制，确保一般公共预算教育支出"两个只增不减"。优化教育经费支出结构，优先保障义务教育经费需求，全面落实学生资助政策。以教育事业发展规划纲要为引领，统筹安排教育投入、高效配置教育资源、科学实施绩效评价。优先保障教育财政投入，进一步优化财政支出结构，建立以财政拨款为主、多渠道筹措经费的保障机制，建立与地区财力状况、教育发展需求和物价变化水平合理联动的公办学校生均财政拨款稳定增长机制。大力促进教育公平，

以建立"精准资助"工作机制为抓手，完善家庭经济困难学生资助体系，实现资助全覆盖。紧紧围绕立德树人，不断创新资助育人途径和方式，巩固教育扶贫成果，强化对弱势群体的支持力度，确保用好每一笔经费，让每一分投入都有幸福产出。

二是完善义务教育经费管理机制。落实教育领域财政事权和支出责任划分改革方案，压实市以下各级政府教育支出责任。建立健全"谁使用、谁负责"的教育经费使用管理责任制，提高经费管理科学化、精细化水平。加强教育经费绩效评价，建立全覆盖全过程全方位的教育经费监管体系。强化结果应用，将绩效评价结果作为完善政策、优化结构、改进管理的重要依据。提升学校财务治理能力和水平，加强内部控制机制建设。坚持勤俭办学，严禁铺张浪费，建设节约型学校。加强审计监督，建立以问题为导向的审计整改工作机制。

三、加强教育督导和动态监测，为义务教育优质均衡发展提供有效保障

教育督导是教育法规定的一项基本教育制度。党中央、国务院高度重视教育督导工作。党的十八大以来，教育督导在督促落实教育法律法规和教育方针政策、规范办学行为、提高教育质量等方面发挥了重要作用。2020 年，中共中央办公厅、国务院办公厅印发《关于深化新时代教育督导体制机制改革的意见》，要求以习近平新时代中国特色社会主义思想为指导，全面贯彻党的十九大和全国教育大会精神，紧紧围绕确保教育优先发展、落实立德树人根本任务，以优化管理体制、完善运行机制、强化结果运用为突破口，不断提高教育督导质量和水平，推动有关部门、地方各级政府、各级各类学校和其他教育机构（以下统称"学校"）切实履行教育职责。义务教育优质均衡发展，是人民群众在现代化进程中的新时代对优质教育的美好需求，需要教育督导和现代教育治理体系提供坚实保障。

一是深化新时代教育督导体制机制改革。建立健全上下贯通的管理体制和运行机制。健全教育督导问责制度，推动公开监督和行政问责，建立与教育改革发展相适应、与教育决策和执行相协调的教育督导制度。开展常态化和专项化相结合的督政督学。完善督学准入制度。配齐配强专职督学，实现中小学（幼儿园）责任督学挂牌督导全覆盖。加强督学队伍培训。

二是强化教育督导。教育督导对政府履行教育职责的评价、义务教育均衡发展评估验收、城乡义务教育一体化发展和全面改善贫困地区义务教育薄弱学校基本办学条件工作督查、开学综合督查等一系列逐级综合督政、专项督导制度相继建立并实施，有效保障市县政府履职尽责。同时，将义务教育均衡发展督导评估、检查验收、质量监测情况列入省政府对市级政府的教育工作考核之中，有效促进义务教育均衡发展。

三是开展动态监测。建立县域义务教育均衡发展监测及复查机制，对县域义务教育均衡发展开展动态监测。发布年度全省县域义务教育均衡发展监测复查报告，对各县区义务教育的发展水平和均衡水平两个指标进行分析监测复查，对校际间差异系数变化情况、资源配置情况等进行分析，为县区政府均衡配置资源提供科学精准的决策参考。

四、加强现代教育治理和学校安全制度建设，为义务教育均衡和高质量发展提供制度与安全保障

党的十八届三中全会把"完善和发展中国特色社会主义制度、推进国家治理体系和治理能力现代化"确定为全面深化改革的总目标，开启了全面深化改革、系统整体设计推进改革的新时代。义务教育改革发展进入高质量发展的新时代，需要进一步明确义务教育工作的使命与担当，有效推进义务教育办学治理体系和治理能力现代化。

一是加强立法配套制度建设。进一步完善招生考试、师生权益维护、学校管理、教学行为规范等政府规章。推进中小学现代学校章程的制定

实施，完善学校内部治理结构。制定依法治校的考核办法和标准，启动依法治校示范校创建活动。研究制定分学段、分类别的教育现代化标准，构建形成有效促进、科学衡量、合理评估各领域教育现代化的标准体系。建立健全率先实现教育现代化指标体系，积极推进教育现代化监测系统建设，确保教育有序健康幸福高质量发展。

二是完善和落实校园安全各项规章制度，推动建设更高水平的平安校园。加强教育系统防灾减灾能力建设，消除校舍安全隐患。健全各级各类学校后勤保障机制，规范学校食堂管理，确保学校食品安全。加强师生安全教育，提升师生安全防范意识和自救自护能力。建立健全中小学生欺凌防治工作机制。完善学校重大突发事件快速反应、应急处置机制。加强校园及周边社会治安综合治理，全力遏制重大安全事件发生。

三是加强各有关部门协同配合，建立共同研究解决义务教育发展与改革重大问题机制。做好国家、省、市、县任务和要求的衔接。强化战略目标、战略任务、重大改革工程项目的协同规划和实施。制定教育改革和发展重点任务的时间表、路线图、任务书，健全教育发展监测评价和督查问责机制，主动接受各级人大执法监督和政协民主监督。鼓励社会广泛参与义务教育改革发展过程，形成社会各界和广大人民群众共同关心、支持和参与义务教育发展与改革的生动局面。

四是加强教育质量评价体系建设，引领教育与教育评价改革。进一步落实《深化新时代教育评价改革总体方案》和《辽宁省落实新时代教育评价改革重点任务具体措施》，构建管、办、评职责清晰，协调一致的基础教育管理体系，强化教育质量监测和评价体系建设，构建符合全省基础教育改革发展实际的，突出科学性、系统性、权威性和导向性的基础教育质量监测与评价体系，引导更公平、有活力、高质量的义务教育发展格局形成。

第四章

普通高中多样化
有特色发展格局基本形成

　　普通高中教育是国民教育体系的重要组成部分，在人才培养中起着承上启下的关键作用。办好普通高中教育，对于巩固义务教育普及成果、增强高等教育发展后劲、进一步提高国民整体素质具有重要意义。2019年印发的《中国教育现代化2035》提出"鼓励普通高中多样化有特色发展"；同年，国务院办公厅印发的《关于新时代推进普通高中育人方式改革的指导意见》提出，到2022年"普通高中多样化有特色发展的格局基本形成"。辽宁省以《关于新时代推进普通高中育人方式改革的指导意见》为指导，全面落实立德树人根本任务，把握全局，科学规划，分工协作，协同创新，统筹推进普通高中新课程改革和高考综合改革，深化育人关键环节和重点领域改革，切实提高育人水平。

第一节
普通高中教育改革发展的成绩

　　"十三五"期间，辽宁省全面贯彻党的教育方针，落实立德树人根本任务，聚力高质量普及高中阶段教育，聚焦普通高中多样化有特色发展，持续优化资源配置、深化教育教学改革、加强师资队伍建设，全面提升普通高中教育质量。

一、高中阶段教育普及程度不断提高，人民群众对普通高中教育的需求得到较好满足

"十三五"期间，辽宁省加快普及高中阶段教育，深入实施高中阶段教育普及攻坚计划，采取扩大规模、整合资源、推进农村普通高中标准化建设等措施，通过合并、兼并、新建、联合办学等形式，多渠道、多模式扩展教育资源。全省结合各地区实际，在充分挖掘现有教育资源的基础上，有计划、分年度实施建设项目，新建、改扩建一批学校，为薄弱学校配齐必要的教育教学和生活设施设备。"十三五"期间，累计投入 5.4 亿元，重点支持贫困地区、民族地区、边境地区 53 所普通高中建设，着力保障和改善学校办学条件。在一系列加快普及高中阶段教育政策的推动下，2020 年辽宁省高中阶段毛入学率提高到 97.10%，高于全国平均水平 5.90%，较好地满足了人民群众接受高中阶段教育的需求。

二、实施"四大工程"，普通高中多样化特色发展初见成效

为了向广大学生提供多样化有特色的高中教育，满足人民群众对更加优质、更具特色、更多选择高中教育的需求，全省推动实施了"扶持一般普通高中质量提升工程""示范性普通高中建设工程""特色普通高中建设工程""普通高中教育教学改革典型校建设工程"。一方面，加大托底力度，强化内涵建设，缩小普通高中之间差距，整体提升普通高中办学水平；另一方面，加强优质特色普通高中建设，制发《辽宁省普通高中多样化特色发展的实施意见》，以项目推进方式激发学校内生发展动力，提升学校特色办学水平。截至 2020 年，已建成省级示范性普通高中 157 所、省级特色普通高中 24 所、省级教育教学改革典型校 19 所，形成了一批涵盖人文、科技、外语、艺术等领域的特色高中项目学校。普通高中已初步形成多样化特色发展的格局，学校发展也初步呈现出不同的路径与侧重点。

三、深化教育教学改革，全面实施新课改新高考

"十三五"期间，全省紧抓课程改革、教学管理、课标培训、平台建设等改革关键点，强化制度顶层设计，统筹研制并印发课程改革实施方案、课标培训方案、教学管理指导意见、选课走班教学、学生发展指导意见等6个课程改革配套文件。贯彻落实普通高中新课程实施方案，2019级秋季入学高一新生全面实施新课程、使用新教材。完成了各级教育行政人员、高中教研员、高中校长、学科教师新课标省级培训5.7万人次。

稳妥实施《辽宁省深化高等学校考试招生综合改革实施方案》，初步建立了基于统一高考和高中学业水平考试成绩、参考综合素质评价的多元录取机制，初步形成考试招生与人才培养的联动机制。调整和完善普通高中学业水平考试，印发《辽宁省普通高中学业水平考试实施方案》等5个配套文件，稳妥实施新课改新高考背景下普通高中学业水平合格性考试。大连市超前预测、深入调研、主动应对，稳步推进2018年高考招生改革准备工作，得到中央深改组高度评价。

全面实施基于信息管理平台的普通高中学生综合素质评价，指导学校如实记录学生在思想品德、学业水平、身心健康、艺术修养、社会实践等方面的表现，并在一定范围进行阳光公示，确保全过程公平公正公开、真实可信可用。在新修订的辽宁省课程方案中增加高中生综合实践课程学分，提出每学年社会实践不少于1周的课程要求，积极推进学生社会实践。加强学生生涯规划指导工作，组建了全省普通高中学生发展指导工作专家团队。为加强全省普通高中生涯规划教师队伍建设，加强对普通高中学生的心理、学业、职业指导，省教育厅组织开展了多次省级普通高中学生生涯规划指导专家候选人培训，通过集中面授、现实学习、实践作业与指导、经验交流与分享，培养了一批生涯教育的研究者、实践者和引领者。

四、师资队伍建设不断加强，教师素质得到提升

立足省情，辽宁省以管理体制改革与机制创新为突破口，聚焦教师待遇的关键环节，先后出台《关于全面深化新时代教师队伍建设改革的

实施意见》等 4 个系列文件，着力打造政治素质过硬、业务能力精湛、育人水平高超的高素质专业化教师队伍。以全面提高教师队伍整体素质为根本目的，加强教师培训、组织外出学习、建设专家工作室、培养骨干教师和学科带头人、开展送教下乡等。"十三五"期间，全省普通高中教师队伍不断壮大，教职工增加了 1821 人，专任教师增加了 1804 人；专任教师年龄结构不断优化，学科结构不断改善；专任教师学历层次不断提升，研究生学历人数增加了 1580 人。

五、普通高中信息化水平不断提高，优质课程资源得到丰富

"十三五"期间，辽宁省普通高中信息化教学环境大幅改善，以"三通两平台"为主要标志的各项工作取得了突破性进展。公办普通高中互联网接入率已达 100%，多媒体教室普及率达 95%。优质数字教育资源日益丰富，教育信息化应用的基础条件进一步夯实。

形成了一批具有辽宁特色的典型案例、教学成果。以开展"教育信息化应用典型示范案例遴选活动""信息与通讯技术环境下教育教学创新展示评选活动""中小学电脑制作"等活动为载体，形成了一批具有辽宁特色的典型案例、教学成果。为提高全民科学素质和培养青少年科技创新后备人才，积极协调省科协等有关部门，全面落实《全民科学素质行动计划纲要》，以"创新·体验·成长"为主题举办了第 34 届辽宁省青少年科技创新大赛、第十六届辽宁省青少年机器人竞赛，组织开展了辽宁省第十九届中小学生电脑制作活动和 2019 年信息与通讯技术环境下教育教学创新展示评选活动，全省有 10 万余名中小学生和教师积极参与，提升了教师及学生的信息素养、创新意识和创新能力。信息技术与教育教学实践融合创新水平不断提升，中小学"一师一优课、一课一名师"活动成果显著。2019 年全省组织了 15 万名教师参与了活动，共晒课175661 节，推荐 600 节"省级"优课参加"部级"优课遴选，475 节获得"部级"优课，数量居全国第一位。

<h1 style="text-align:center">第二节</h1>

<h1 style="text-align:center">普通高中教育改革发展的问题与不足</h1>

总体上看，普通高中教育基本实现了"十三五"规划确立的主要发展目标，为"十四五"时期更好更快发展奠定了坚实基础。同时，也存在一些问题和不足需要重点关注。

一、良性教育生态循环尚未形成

普通高中以人为本和促进学生全面发展的教育理念未得到有效落实，教育评价体系和评价机制不健全，违规补课、违规办班等情况仍然存在。部分市、县（市、区）存在以高考升学率指标考核下一级党委和政府、教育部门、学校的现象，存在公布、宣传、炒作高考"状元"和升学率的问题，不利于营造良好教育生态环境。普通高中唯分数、唯升学问题仍然存在，一些学校争抢生源、"掐尖"招生等违规现象仍然存在。个别公办普通高中举办民办分校，并以民办学校名义跨区域"掐尖"招生，抢学苗、挖生源。部分民办普通高中违规招收未参加中考和已经被其他学校录取的学生，重复招生、超计划招生、提前招生，以空挂学籍方式敛财等，严重破坏了教育生态。

二、普通高中基本办学条件难以满足新高考和新课改的要求

部分市、县（市、区）未落实生均公用经费基准定额 2200 元 / 年，个别地区甚至以学费抵生均公用经费，学校难以正常运转。普通高中的教室、功能实验室和创新实验室不足，不能满足新课改和高考改革选课走班的要求。普通高中师资力量还不适应课程改革和高考改革的需求，根据 2019 年测算结果，至少需补充专任教师 5100 名。普通高中教师结

构性缺编比较突出，尤其是农村和民办学校师资现状无法满足选课走班要求。

三、新课程理念落实不到位

很多课堂依然以教师为中心，忽视学生的主体地位。教师主宰整个学习过程，以"教"贯穿全程，而学生处于从属地位，"配合"教师完成任务，其主观能动性被忽视，教育活动脱离学生实际，难以达到预期效果，同时也使学生失去了学习的主动性和创造性。很多课堂依然以知识为中心，教师只注重知识的传授，不断强化学生的被动接受行为，忽视了学生必备品格和关键能力即核心素养的培养。

学校在课堂教学改革中管理不到位。个别地区和学校存在未开足开齐国家课程现象，尤其是体育课、艺术课、通用技术课和信息技术课，有的学校开设不全，有的开设不足。部分学校落实新课程、新课改、新高考政策不到位，学校的内涵发展不足，超纲、超计划制定教学计划，校本研修不深入，育人方式僵化、无特色，甚至把"唯分数、唯升学"作为学校追求的办学目标，严重违背了新时代普通高中育人方式改革的要求。

教师专业素养不足。部分教师虽然对新课程教学进行了一些积极的尝试，但趋于表面化，浅尝辄止，不能真正领会新课程理念；有的教师缺乏相应的理论支撑，对新理念、新教材、新教法研究较少，对新教材把握和处理能力不够，不能将新课程理念有效应用于课堂教学实践。

第三节
普通高中教育改革发展面临的形势与使命

高中阶段教育是国民教育体系的重要环节，是学生从未成年走向成年、个性形成、自主发展的关键时期，肩负着为各类人才成长奠基、培养高素质技术技能型人才的使命。作为连接义务教育和高等教育的关键学段，普通高中教育的改革具有全局性和战略性。"十四五"期间，普通高中改革发展面临着前所未有的战略机遇，将迎接前所未有的重要改革任务。

一、普通高中教育改革发展形势分析

（一）经济社会发展对普通高中人才培养提出新需求

我国经济迈入高质量发展阶段后，客观上需要大批高质量人才，尤其是创新型、复合型、应用型人才支撑。但从用人市场反馈来看，高校和职业院校输送的人才普遍在创新精神、动手能力、解决复杂问题能力上存在短板。这一问题表现在高等教育和职业教育，实则与基础教育有极大关系。我国基础教育的育人方式普遍重知识灌输轻能力培养、重应试轻素质，这抑制了学生对自身兴趣特长的关注，也阻碍了学生全面发展和潜能发挥，制约了人力资源开发水平。信息化时代的冲击让基础教育转型变得更为迫切。信息化时代，人人、时时、处处学习知识已成可能，基础教育长期以来实施的知识传递式教育正面临越来越大的挑战。作为人才培养的重要一环，普通高中改革发展既需要反映国家建设对于未来人才的需求，也需要解决我国普通高中教育发展中存在的突出问题，特别是唯升学唯分数的问题、教育方式单调学业负担过重的问题。

（二）普通高中教育改革发展正处于多重政策的叠加期

中共中央、国务院印发的《中国教育现代化 2035》《深化新时代教育评价改革总体方案》定义了普通高中教育发展的宏观政策背景；国务院办公厅印发的《关于新时代推进普通高中育人方式改革的指导意见》（以下简称《指导意见》）对普通高中教育近年的发展提出了明确要求，勾画了普通高中教育的改革路径；普通高中课程方案和各学科课程标准的修订及新教材的编制，明确了学校课程教学的新方向；义务教育改革的深入推进加上中考改革，正改变着普通高中学校的生源结构和生源特征；新高考通过对学生和学校评价的改革也改变着学生的未来去向。"十四五"期间，在发展背景、学生来源、教育过程、学生去向等各个环节，普通高中教育都面临着前所未有的改革任务。

（三）普通高中教育发展聚焦育人方式改革

2019 年 6 月，《指导意见》发布，从培养担当民族复兴大任的时代新人出发，对今后一段时期普通高中教育改革作出部署，出台了一系列政策措施。这是国家围绕普通高中改革发展问题，继普及高中阶段教育、推进普通高中教育和中等职业教育协调发展、推进普通高中多样化有特色发展三个方面政策后出台的第四项基本政策。随着我国高中阶段教育逐步实现普及，普通高中教育已经进入以内涵发展和质量提升为重点的新阶段，这就要求普通高中必须把握好方向定位，建立健全立德树人根本任务的落实机制，以育人方式改革为抓手，对高中各方面全要素进行全面、系统和整体的设计，实现高中学校深度变革，全面提升办学育人水平。

二、普通高中改革发展的新使命

从应对未来需求和破解发展难题来看，辽宁省普通高中的改革与发展重点要从三个方面推进。

（一）突出育人核心

以育人为核心目标替代实际存在的考试至上、升学至上目标，并将其贯彻到各个教育行动主体和评价主体的方案之中。这既是国家发展和时代发展的需要，也是贯彻教育自身发展规律的需要。政府和教育行政部门在资源分配、人事任命、督导评价等方面，都要以学校在育人方面的作为、成就和增值水平为基础进行，严格杜绝以分数、升学为依据来评价学校。学校评价教师也要以教师在育人方面的作为和成效为依据。家长关切孩子的升学情有可原，但政府和学校作为社会整体利益的受委托方则必须成为价值的引领者。教育评价改革的落实需要相当长的过程，在此过程中，要明确以育人为核心价值观，逐步扭转片面追求升学造成的高内卷、高竞争和高压力的势态。

（二）促进学生全面发展

建立全方位育人体系，以立德树人促进学生的全面发展。从教育的目标和内容来看，首先要明确五育并举的重要性和工作重点，德育要突出时代性，智育要突出方法的创新，培养学生的学科核心素养和综合素质，体育、美育、劳动教育要保障落实，在此基础上不断探索创新、形成特色。从工作推进来看，首先要做到全面实施新课程方案和新修订的学科课程标准，这是学校工作的主体部分，也是学校工作的基础，特别是要开齐开足各类课程，面向学科核心素养实施教学改革，同时整体考虑学生课内、课外、校外多途径发展的综合协同，以丰富的课程和多样化的活动支持学生的多元化与个性化发展。在此过程中，全面建立和实施学生发展指导制度，尊重学生的发展需求和成长规律，并提供适切指导，以培养其终生学习能力，最终赋予其终生发展动力。

（三）提供系统性支持和条件保障

无论是教育行政主管部门，还是学校和教师，在进行改革探索时都置身于系统制约之中，因此，改革需要支持性的运行机制和评价机制、丰富可用的资源及宽松宽容的环境。如在高考改革背景下，学校推行选课走班需要增加一定的教师编制，开展综合实践活动需要有额外资源的支持，教育改革的长周期性也需要校长任期制度的支持，这些都来自学校甚至教育系统之外，需要从普通高中教育发展的需要，从为国育人的高度去改变制约因素，创设改革条件，提供系统支持，最终使改革政策落地见效。

第四节

普通高中教育改革发展的思路与目标

"培养什么人，怎样培养人，为谁培养人"是教育的根本问题。普通高中学校应为党育人、为国育才，聚焦每个学生发展，立足于千千万万普通人的素质养成、成长发展与责任担当，"努力让每个人都有人生出彩的机会"。普通高中教育承担的使命远远不是升学，而是要为建设创新型国家、为国家高质量发展奠定创新人才基础，为国家的繁荣进步奠定国民素质基础[①]。要全面提高每个高中学生综合素质，促进学生德智体美劳全面发展，"不让任何一个孩子成为陪读生"。这是教育公平与教育质量的意义所在，也是教育现代化的本质所在。

一、发展思路

"十四五"期间，普通高中将坚持以习近平新时代中国特色社会主义思想为指导，深入贯彻党的十九大和十九届历次全会精神，全面贯彻党的教育方针，落实立德树人根本任务，发展素质教育，遵循教育规律，围绕凝聚人心、完善人格、开发人力、培育人才、造福人民的工作目标，

---

① 人民教育编辑部. 构建普通高中多样化有特色发展新格局 [J]. 人民教育，2020，23(12):1.

深化育人关键环节和重点领域改革，通过整合课程、教学、评价、资源配置等更为综合的方式来推进多样化发展，逐步从分层办学走向分类办学，实现错位发展，让更多的学校成为有特色的优质高中，促进基础教育更加公平、更有质量。坚决扭转片面应试教育倾向，切实提高育人水平，为学生适应社会生活、接受高等教育和未来职业发展打好基础，努力培养德智体美劳全面发展的社会主义建设者和接班人。

二、发展目标

"十四五"期间，普通高中办学水平显著提升，德智体美劳全面培养体系进一步完善，立德树人落实机制进一步健全，普通高中新课程新教材全面实施，适应学生全面而有个性发展的教育教学改革深入推进，选课走班教学管理机制基本完善，科学的教育评价和考试招生制度基本建立，师资和办学条件得到有效保障，普通高中教育实现多样化有特色发展，优质特色普通高中在校生占比达到 65% 以上。

第五节

普通高中教育改革发展的任务与举措

普通高中教育的多层次、多类型、多形式化发展是满足人民需求多样化的重要方面[1]。高中学校只有兼顾多样与特色，才能满足学生个性发展、多样选择的要求，进而有助于实现高品质教育。"十四五"期间，普通高中应立足于应对未来需求和破解发展难题的视角，着力破解"千校一面"分层办学格局，构建多样化有特色发展新格局，调动学校的办

---

[1] 武秀霞. 多样、特色与高品质教育——关于普通高中特色发展若干问题的反思 [J]. 教育科学研究，2019（12）：26-31.

学积极性，转变育人方式，提高育人质量，为建设高质量基础教育体系打造关键一环。

一、突出德育时代性

坚持把立德树人融入思想道德教育、文化知识教育、社会实践教育各环节。深入开展习近平新时代中国特色社会主义思想教育，强化理想信念教育，引导学生树立正确的国家观、历史观、民族观、文化观，切实增强"四个自信"，厚植爱党爱国爱人民思想情怀，立志听党话、跟党走，树立为中华民族伟大复兴而勤奋学习的远大志向。积极培育和践行社会主义核心价值观，深入开展中华优秀传统文化教育，加强学生品德教育，帮助学生养成良好个人品德和社会公德。突出思想政治课关键地位，充分发挥各学科德育功能，积极开展党团组织活动和主题教育、仪式教育、实践教育等活动。

二、全面加强普通高中建设

改善普通高中办学条件。依法依规合理控制学校办学规模，逐步减少大规模学校，鼓励有条件的地区实行小班化教学。支持建设学科教室、创新实验室、社团活动室，推进数字校园建设。实施辽宁省示范性普通高中建设工程，加强省示范性高中建设，发挥省示范性高中在高考改革、人才培养、特色培育、教学改革等方面的示范引领作用。

推动普通高中多样化有特色发展。通过整合课程、教学、评价、资源配置等更为综合的方式来推进多样化发展，逐步从分层办学走向分类办学，实现错位发展，让更多的学校成为有特色的优质高中，促进基础教育更加公平、更有质量。实施辽宁省特色普通高中建设工程，推动普通高中多样化有特色发展，在德育、科技、人文、体育、美育、劳动教育、国际交流合作等领域加快建设一批特色普通高中。

全面提升县域普通高中办学水平。实施辽宁省县域普通高中发展提升行动计划，全面提升县域普通高中办学水平。采取扩大规模、整合资源、推进农村普通高中标准化建设等措施，通过新建、改扩建、易地搬迁、撤并等方式优化县城普通高中布局结构。一方面加大托底力度，通过分片包干、课题指导、结对帮扶等形式，对县域普通高中实施精准帮扶，强化内涵建设、缩小城乡高中差距，整体提升县高中办学水平[①]。另一方面加强优质特色县中建设，建设了一批办学特色鲜明、教育质量过硬的县高中。

三、推动普通高中育人方式改革

推进普通高中教学改革。严格执行普通高中课程方案和课程标准，开展"辽宁省新课程新教材实施示范校"遴选工作，发挥示范校的引领带动作用。开展视导工作，重点关注普通高中课程方案落实情况，监督学校严格执行教学计划，严禁超课标教学、抢赶进度教学和提前结束课程，将学校是否开齐开足体育与健康、艺术、综合实践活动和理化生实验等课程列入考核重点，减少高中统考统测和日常考试，加强考试数据分析，认真做好反馈，引导改进教学。指导各学校按照教学计划循序渐进开展教学，将课堂作为实现育人方式改变的主要阵地，积极探索基于情境、问题导向的自主、合作、探究式课堂教学，提高课堂教学效率，培养学生学习能力，突出正确价值观念、必备品格和关键能力的培养。

强化综合素质培养。改进科学文化教育，统筹课堂学习和课外实践，强化实验操作，培养学生创新思维和实践能力，提升人文素养和科学素养。强化体育锻炼，落实学生体质健康标准及评价办法，将学生体质健康达标情况作为评价学校教育教学工作的重要指标，打造学校体育特色，因地制宜开展丰富多彩的每天1小时校园阳光体育活动，培养学生体育兴趣和运动习惯，切实加强青少年近视防控工作。突出向真、向善、向美、向上的校园文化特色，加快形成课内课外一体化、校内校外相结合的美育机制，提高学生审美水平与人文素养。组织好校内校外劳动，培养学

①冯守权.提升县域高中办学水平，为乡村振兴提供人才保障 [J].教育家，2021（38）：9-11.

生劳动观念、劳动意识和劳动技能，形成尊重劳动、热爱劳动的品德和吃苦耐劳的精神，树立依靠辛勤劳动创造美好未来的观念。

实施普通高中选课走班教学，加强学生发展指导。按照新课改、新高考的要求，普通高中要因地制宜开展选课走班，开发科学的课程安排信息管理系统，构建规范、高效的选课走班运行机制。各市、县（市、区）要制定学生发展指导意见，充分利用高校、科研机构、企业等各种社会资源，构建学校、家庭、社会协同指导机制，普通高中要建立学生发展指导制度，加强指导教师培训。鼓励普通高中与高等院校、科研院所实施联合育人，对有专业兴趣爱好和特长的普通高中学生进行个性化培养。

四、深化高考综合改革

稳妥实施《辽宁省深化高等学校考试招生综合改革实施方案》，健全基于统一高考和高中学业水平考试成绩、参考综合素质评价的多元录取机制，加快形成考试招生与人才培养的联动机制。深入实施普通高中学生综合素质评价，提高综合素质评价的科学性与规范性，加强宏观政策和制度的系统设计与配套推进，有效发挥综合素质评价的全面育人功能，加大综合素质评价的保障力度，推动综合素质评价科学化、规范化、常态化实施，引导学生全面、健康发展，为教育本质的回归赋能。

第六节
普通高中教育改革发展的支撑与保障

推动普通高中多样化有特色发展，是遵循教育规律和人才成长规律，满足学生多样化发展需求和社会多样化人才需要的必由之路，要汇聚各方力量，积极营造有利于推进改革的良好氛围，为普通高中教育改革发展提供有力保障。

一、切实扭转评价导向

各级党委、政府要树立正确的政绩观和科学的教育质量观，坚决克服"唯升学""唯分数"的倾向，不以中高考成绩或升学率片面评价教育工作、学校、校长和教师。建立健全以发展素质教育为导向的学校办学质量评价体系，强化过程性和发展性评价，更加注重评价学校提高办学质量的实际成效，并作为对学校核定绩效工资总量、对校长教师实施考核表彰的重要依据，引导和促进学校持续改进提高办学水平。强化评价结果使用，对质量提升效果显著的学校按一定比例增加学校核定绩效工资总量，并将增量作为奖励性绩效，由学校自主使用。

二、加大经费保障力度

要保障中国普通高中教育走向综合化、特色化、多样化的高质量发展道路，需要为之配套充足的经费投入。坚持政府投入的主体地位，保证各级政府对普通高中教育投入稳步增长，制定系统性、稳定性和持续性的经费投入机制。在加强政府主渠道投入地位的同时，应建设和完善普通高中多渠道资金筹措体制，积极拓宽教育经费的来源渠道，努力增加非政府投入以破解供需矛盾。各级政府要严格执行普通高中生均公用经费标准，完善学费动态调整机制，根据普通高中建设需要，加大对普通高中基础设施和设备投入，重点为贫困地区、民族地区和边境地区特色普通高中配齐必要的设施设备，整体提升普通高中办学条件。

三、调动校长、教师积极性

学校有没有活力，"人"是最具决定性的因素。校长是带动学校不同主体活力共振的主要根源，校长的思想活力、变革动力和持续定力至关重要。积极落实校长职级制，突出校长的专业性，按照业绩、能力评定相应职级，建立"教育家办学"的激励机制和政策导向，调动校长办学积极性。深化中小学教师职称和考核评价制度改革，适当提高中小学中级、高级教师岗位比例，畅通教师职业发展通道。建立符合中小学教师岗位特点的考核评价指标体系，完善教师退出机制，突出教育教学实绩，引导教师潜心教书育人，让每位教师都有存在感、荣誉感，都能有尊严地教书育人、有尊严地生活。

第五章

特殊教育和民族教育
改革发展得到切实保障

"十三五"期间，辽宁省始终坚持党对教育事业的全面领导，高度重视特殊和民族教育工作，积极贯彻落实《残疾人保障法》《残疾人教育条例》《辽宁省特殊教育提升计划实施方案（2014—2016 年）》《辽宁省人民政府关于加快发展民族教育的实施意见》《辽宁省第二期特殊教育提升计划实施方案（2017—2020 年）》等文件精神，大力推进特殊教育和民族教育事业改革发展，取得丰硕成果。本章将在总结成绩的基础上，系统梳理当前制约全省特殊教育和民族教育事业发展的瓶颈问题，研究全省"十四五"时期特殊教育和民族教育的发展思路、主要目标、保障措施等，促进两项教育事业长足发展。

第一节

特殊教育和民族教育改革发展的成绩

"十三五"期间，辽宁省把特殊教育作为促进教育公平、推进教育现代化的重要工作来抓，通过完善政策、加大投入、强化保障等举措，加快发展特殊教育，办学条件不断改善，办学规模持续扩大，办学类型日益丰富，办学质量显著提高，残疾儿童少年受教育的权利得到有效保障，为其终身发展、融入社会奠定了良好基础。全省民族团结教育得到进一步加强，少数民族双语教育质量显著提高，内地民族班学生教育管理服务水平稳步提高，加快民族地区人才培养，各民族的优秀文化传统得到继承和弘扬，形成完善的具有辽宁特色、时代特征、民族特点的现代民族教育体系。

一、特殊教育改革发展成绩显著

（一）特殊教育普及水平显著提高

一是义务教育普及水平达到历史新高。各地按照"全覆盖、零拒绝"的工作要求，重点针对实名登记未入学适龄残疾儿童少年，"一人一案"逐一安排入学。截至 2020 年底，全省共有特殊教育学校 83 所，在校生15310 人，基本形成了"以特殊教育学校为骨干、以普通学校附设班和随班就读为主体、以送教上门教育为补充"的办学格局。

二是"两头延伸"取得重大进展。全省在抓好义务教育阶段融合教育的基础上，向学前教育、高中教育、高等教育和职业教育延伸，基本形成了从学前教育、义务教育、高中阶段教育到高等教育的特殊教育体系。残疾人学前教育、高中阶段教育和高等教育的规模不断扩大，基本满足残疾人接受高等教育的需求。残疾儿童学前教育纳入第三期学前教育行动计划，支持普通幼儿园接收残疾儿童。大力发展残疾学生职业教育，职业学校开设丰富的实用技术课程，增加必要的职业教育内容。此外，全省还加强了残疾人群接受高等教育的保障，为残疾考生参加普通高考提供了合理便利和服务。

（二）特殊教育质量稳步提升

一是加强个别化教育，注重学生的潜能开发和功能补偿。各地通过特殊教育学校就读、普通学校就读、儿童福利机构特教班就读、送教上门等多种方式，落实"一人一案"，做好教育安置。省教育厅与省残联开展未入学适龄残疾儿童实名登记调查，会同有关部门印发《关于对义务教育阶段重度残疾儿童少年开展送教上门服务工作的意见》，对 931

名未入学的重度残疾儿童开展了送教上门服务工作，推动了送教上门工作全面开展。不少地方结合当地经济社会发展需求和残疾人特点，开设了丰富多彩的实用技术课程，为学生提供了更广阔的发展空间，为他们平等参与生产劳动和社会生活创造了条件。

二是积极开展"医教结合"实验，促进教育与康复手段的有机整合。根据特教学校的类别、服务需求和医疗机构的专业技术特色，2016年安排400多万元资金，确定沈阳市10所试点学校和相关医疗机构对残疾儿童开展医教结合实验，满足残疾学生多样化的教育需求，取得良好效果。

三是推进特殊教育课程改革。全省深入贯彻执行《盲、聋和培智三类特殊教育学校义务教育课程标准（2016年版）》，解决残疾学生的潜能开发和功能补偿问题，促进其全面发展。

（三）特殊教育保障能力明显增强

一是特殊教育学校生均公用基准定额大幅提高。特教学校和随班就读学生生均公用经费基准定额从2015年起提高到6000元以上，比过去增加两倍多。办学规模不足100人的特殊教育学校按100人核定生均公用经费，有力地保障了特教学校正常运转。

二是加大投入，不断改善办学条件。完善了特殊教育学校教育教学康复设施设备。组织实施了30万人口以上特教学校、特殊教育资源教室、特殊教育资源中心、"互联网＋特殊教育"、特殊教育学校职业教育实训基地等五大建设工程。"十三五"以来，省本级财政投入近2亿元用于全省所有特殊教育学校建设专用教室，配套更新了教学康复仪器设备，全面改善了特教学校办学条件。全省利用中央资金优先支持资源教室和资源中心建设，作为未建特殊教育学校地区的有益补充。

三是推进残疾儿童少年15年免费教育。从2015年秋季学期起，全省实施从学前到高中阶段残疾学生（幼儿）免费教育，免收残疾学生（幼儿）的学杂费（保育费）、课本费、住宿费，并为其补助生活费，进一步提高了非义务教育阶段残疾学生接受教育的比例。

四是进一步加强随班就读工作。辽宁省教育厅等三部门联合发布《关于加强随班就读、送教上门和普通学校特殊教育资源教室建设的通知》，优先采用普通学校随班就读的方式，就近安排适龄残疾儿童少年接受义务教育。儿童福利机构特教班就读和接受送教上门服务的残疾学生纳入中小学生学籍管理。

（四）特殊教育师资队伍建设进一步加强

一是教师专业化水平不断提升。"十三五"期间，全省持续加大培训力度，分别委托北京师范大学、南京特殊教育师范学院、辽宁师范大学等单位，针对特殊教育行业相关的行政干部、校长和教师，开展了分类别、分层次、分学科的专业培训，累计培训校长、教师2000余人次，培训内容丰富、形式灵活，受到参训人员的一致好评。举办聋校非特教专业教师教学基础理论与实践培训班和培智学校自闭症儿童结构化教学培训班，组织全省聋人学校中青年教师教学技能大赛，开展"特教园丁奖"评选工作，进一步加强全省特殊教育学校内涵建设，提高教育教学质量。

二是教师待遇不断提高。全省落实了特教学校学生生活补助和教师工作补贴政策。从2015年起增加特教教师工作补贴，2018年又在国家标准基础上将特教教师的津贴标准提高30%，其中，大连市将特教津贴标准由原来基本工资的30%提高到50%。省财政每年拨付4000多万元作为特教学校学生生活补助费和教师工作津贴。在表彰奖励教师时，适当向特殊教育倾斜，极大地调动了广大特教教师的工作积极性。

（五）特殊教育办学特色日益彰显

一是科学推进特殊教育改革试验区工作。教育部办公厅发布的《关于公布国家特殊教育改革实验区名单的通知》将大连市甘井子区和沈阳市铁西区列为国家特殊教育改革实验区。辽宁省大力支持并跟踪指导国家特殊教育改革实验区的改革试验工作，及时总结推广经验，切实发挥大连市甘井子区、沈阳市铁西区的示范带动作用。

二是各地特殊教育在实践中创新。大连市中山区培智学校注重"以生为本"，实施"走班制"；丹东市特教学校开设聋儿学前教育，对听障幼儿进行早期干预，并与普通学校接轨；阜新市太平区启智学校在"享受优质教育资源、提升专业技能、实现和谐发展、激发生命活力、包容生命差异"的办学理念指导下，开展满足学生差异特点的"走班教学""微课题研究"等活动；丹东市春英学校采用教育与康复自然融合、教学内容生活化、主题教学单元化的策略，充分体现"放慢脚步，蹲下身子，春风化雨，静待花开"的特殊教育情怀；沈阳市铁西区春晖学校秉承"让每一个残障学生家庭都充满微笑、让每一个残障学生都得到充分发展"的理念，大力开展生存教育，大力发展特奥项目；阜新市盲聋职业学校与辽宁佰富顺心食品有限公司开展校企合作，使听力障碍学生带薪在岗工作，教育效益和社会效益实现"双赢"。

二、民族教育全面加强

（一）民族团结教育常态化机制基本建立

一是民族团结教育广泛普及。"十三五"期间，全省充分发挥"学校是进行民族团结教育的主阵地"作用，在中小学开设民族团结教育专题课程，扎实推进民族团结教育进教材、进课堂、进学生头脑。将民族团结教育内容纳入小学阶段考查、初中毕业生中考、中职毕业考试和高等院校招生考试内容范围。逐步树立了"汉族离不开少数民族、少数民族离不开汉族、各少数民族之间也相互离不开"的思想，在品德学科以及其他学科的教学过程中注重培养民族团结的思想意识，广大师生民族大团结思想意识得到有效强化。

二是民族团结教育活动积极开展。全省各地、各校把民族团结教育贯穿到课堂教学、社会实践、校园文化建设等环节和过程。积极开展以增进各民族文化交流为主要内容的主题实践活动，组织举办民族文化交流艺术节、民族团结教育专题讲座，开展以民族团结教育为主题的班、团、队活动，举办宣传民族地区发展和团结的图片展，在有少数民族学生就读的班级开展学说少数民族日常问候语等活动。通过组织开展丰富多彩、生动活泼的活动，不断增强了不同民族学生对中华民族优秀文化的认同，不断增强了学生的民族自尊心、自信心和自豪感。

三是民族团结进步示范点的引领作用得到有效发挥。2015 年起，省教育厅会同辽宁省民族和宗教委开展全省民族团结进步示范校评选、全省中小学民族团结教育基地学校创建活动，重点培育一批各具特色的民族团结进步示范点，以点带面、示范带动、整体推进。"十三五"期间，共建设 40 所民族团结教育示范校、100 所民族团结教育基地学校，进一步促进了中华优秀传统文化教育和爱国主义教育，让中华民族共同体意识融入校园文化、扎根各民族师生心灵。通过交流总结经验，各示范基地学校结合实际积极探索，在传承优秀传统文化等方面创新举措，形成了各具特色的实践经验。

四是民族文化传承教育广泛开展。丹东市开发了《文明礼仪养成教育读本》《朝鲜族料理制法》《鸭绿江畔我们的民族》《朝鲜族礼仪与文化》等民族文化教材，从文明礼仪、遵规守纪等不同方面分学段详细制定了养成教育细则，培养学生学会制作简单的泡菜、包饭、打糕等民族特色食品，使学生从小就了解本民族的风俗习惯、传统文化；锦州市北镇市深入开展民族文化进校园活动，推广民间文化，将传统满族剪纸作为特色校本课程，成立了全国首家闾山满族剪纸传承教育基地，编制了闾山满族剪纸校本教材《满韵清风》，并定期邀请知名艺术家到校授课；义县将《采撷民族林》作为校本课程，根据学生的年龄特点和认知规律，分为"文字图画认亲篇""传说故事识亲篇""回族常识专题篇""地域民族采撷篇""世界民族瞭望篇"等。

（二）内地民族班管理服务不断加强

一是思想认识普遍提高。开办内地民族班，是国家的统一部署，既是对西部地区的支持，也是维护国家团结统一的一项重大举措。全省开设内地民族班的学校有 14 所，内地民族班学生 2000 余人，分布在沈阳、大连、鞍山、抚顺、锦州、营口、辽阳等 7 个城市。省教育厅及各市教育局高度重视，要求开办内地民族班的学校统一认识，组织全体教师学习国家和省有关民族政策，切实领会办好内地民族班与民族团结、祖国统一、构建和谐社会、发展民族经济、共同富裕之间紧密关系，并召开了内地民族班教育管理服务工作座谈会和反恐维稳会议，开办内地民族班的当地政府和学校师生思想认识切实得到提高。

二是内地民族班办学工作逐步制度化、规范化、精细化。学校选派政治合格、业务素质好、责任心强、有奉献精神的教师，担任内地民族班的班主任、任课教师与管理教师。不断强化思想政治教育，推进民族团结教育入耳入脑入心，引导学生牢固树立中华民族是一个大家庭的思想和维护民族团结、国家统一的法律意识和公民意识。坚持"统一要求、统一标准、统一管理"的原则，按照"爱、严、细"的要求，严格日常管理，切实做到防微杜渐，内地民族班安全管理得到不断强化。

三是民族互动交融形式多样。辽宁省教育厅、省民宗委、省体育局以及省文联联合制发《"手牵手·共成长"行动方案》，利用辽宁文化强省、体育强省的资源优势，结合内地民族班学生在辽宁学习生活的实际情况，将文体名家引进内地民族班，对学生进行面对面、一对一的课外辅导。沈阳市先行开展试点工作，在内地民族班学校组织开展了问卷调查，开设了戏剧、音乐、舞蹈、毽球、武术、满绣等辅导科目，并先后邀请辽宁歌舞团、沈阳市文联舞协、沈阳市京剧院、中国旗袍协会、沈阳市运动学校、沈飞集团毽球协会有关专家进行辅导授课。同时，组织内地民族班学生演讲和足球比赛，举办"理想与责任，我的内地班学习生活"主题征文活动，开展西藏班藏历火鸡新年活动，丰富了内地民族班学生课余生活。

（三）民族教育质量稳步提升

一是双语教师培训力度持续加大。通过建设少数民族双语教育教研基地、少数民族双语教师培训基地，大力培养少数民族双语教师，将学校办学优势转化为优质研训资源，完成了少数民族双语教师省级全员培训任务，双语教师的整体素质和适应新课程的能力得到有效提升。组织少数民族双语学校校长和教研员参加全省少数民族双语教育管理者培训班，管理者的综合素质和能力得到提高。

二是定向培养力度不断加大。我省每年与内蒙古高校对换培养 80 名蒙古族学生培养蒙语文教师，近五年培养了 400 名蒙语文教师。采取"定向招生、定向培养、定向就业"原则，"自愿报考、统一考试、适当降分、单独统一划线"的特殊政策，为民族自治县培养 286 名少数民族高层次骨干人才研究生。

三是幼儿双语教育日益强化。丹东市宽甸朝鲜族学校根据散居地区朝鲜族学生的朝语基础薄弱及众多汉族学生入校读书的实际，重视幼儿教育，从幼儿开始强化朝语会话训练，小学、初中阶段不断改革朝语学科教学，将读、说、写纳入朝语学科成绩考核中，并积极开展朗读、讲故事、演讲等活动，有效地保障了"三语"教学的顺利实施。

（四）民族教育保障水平不断提升

一是少数民族学生升学优惠政策得到落实。对接受双语教学的少数民族考生实行在总分上加 5 分投档录取，近 5 年有 2 万多名双语考生享受到高考加分政策。高等院校和中等专业学校招生时，对自治县的少数民族考生加 5 分投档录取，近 5 年有 7 万多名少数民族考生享受到了加分政策。

二是民族教育经费投入持续增加。改善内地民族班学校办学条件，为内地民族班学生每年每生补助 15000 元，保障学生安心学习生活。沈阳市设立民族教育专项经费，还专门拨款 100 万元，用于维修沈阳市第十一中学西藏班的宿舍和食堂，改善西藏班的学习和生活环境。丹东市不断加大民族教育投入，设立民族教育专项经费，每年投入 10 万元，对规模不足 100 人的民族学校和教学点按 100 人核定生均公用经费。东港市民族学校生均经费能达到普通学校生均经费的 2 倍。凤城市民族学校的公用经费是当地的普通学校生均经费的 3 倍。

三是民族教师享有部分优待政策。丹东市在教师节表彰时单独增设双语教师名额（每年 8 名左右）。在评选市级骨干校长、教师，省市级三好学生、三好班级时，对民族学校单独设置指标，提高了民族教育评优评先的比例。用本民族语言授课的朝鲜族学校将学前一年纳入义务教育计划，民族语文教师每班增加 0.5 个编制。

第二节

特殊教育和民族教育改革发展的问题与不足

"十三五"时期，虽然全省特殊教育和民族教育事业已经取得诸多成绩，但是同人民群众日益增长的教育需求，以及我国要建设高质量教育体系之间仍旧存在较大差距，诸多方面尚大有可为。

一、"十三五"期间辽宁特殊教育改革发展的问题与不足

（一）特殊教育治理体系不健全

一是有关部门对特殊教育工作的重视程度不够。由于特殊教育涉及群体数量少，主管部门更多地把时间和精力投入到普通教育上，对特殊教育关注较少，特殊教育较于普通教育发展还相对落后。

二是部门间齐抓共管的联动机制有待完善。建立跨部门跨领域协同发展和协同创新机制还有待进一步提高。加强学校、家庭、社会紧密合作，引导社会力量补充和丰富特殊教育供给方面还不充分，还需聚焦特殊教育治理体系和治理能力现代化建设，将改革创新作为特殊教育发展的动力源泉，通过顶层设计和基层探索，全面加强市、县（区）级政府的特殊教育工作统筹力度，积极推动特殊教育信息化发展，完善特殊教育现代治理体系，破解全省特殊教育发展的瓶颈问题。

三是融合教育效果不佳。随班就读政策已经出台多年，由于具体实施细则跟不上，个别地区残疾学生在班上没有特别教师助理辅导，只是随班就"坐"，因此效果不佳。缺乏严谨的特教课程体系，特教教师培训机会少，无法实施高质量、个别化教学，教学过程过分主观，往往将对轻度残障者的教学与普通班教学混为一谈，一定程度上对残障学生还存在排斥心态。

（二）在农村特别是贫困地区残疾儿童少年义务教育普及水平偏低

目前，全省特殊教育在城乡间、区域间发展不平衡现象仍旧存在，特殊教育资源依然不足。受区域发展水平、教育发展基础和学校办学条件等多方面因素影响，中心城区与部分远郊区在特殊教育资源配置、特殊教育办学质量、融合教育支持保障能力、特教师资水平等方面尚存在较大差异。在农村地区特别是贫困地区残疾儿童少年义务教育普及水平仍然偏低。目前，全省仍有近 2000 名重度适龄残疾儿童少年未能接受义务教育，其中 80% 以上分布在农村边远贫困地区。

（三）学前和高中阶段特殊教育发展相对滞后

目前，全省绝大多数特殊学校举办的是九年制义务教育，仅有少数学校开办了学前班和职教班（含高中班）。全省特殊教育学校的规模、质量还不能够完全满足残疾人接受教育的需求，特别是残疾儿童学前教育入园率偏低。学前教育阶段与"普惠、优质"的要求还有差距。无论是从早发现、早干预的要求，还是从特殊儿童教育需求的实际，以及从专业师资储备的情况来看，都存在不足。学前特殊教育专业师资稀缺，学前教育机构接受特殊儿童的能力和实施有针对性教育的能力都有待增强。

（四）特殊教育教师队伍有待提升

一是特殊教育教师数量不足。统计数据显示，我国特殊教育的专任教师由 2015 年的 5.03 万名增加到 2020 年的 6.62 万名，增长 31.6%。而辽宁省专任教师从 2015 年的 2042 人增加到 2020 年 2285 人，仅增长

11.90%，远低于全国水平。相对于学生的快速增长，全省专任教师的增长更显不足。2020 年，全省特殊教育学校招生 2638 人，与 2015 年相比，增幅达 151.96%；在校生 15310 人，比 2015 年增长了 80.27%。

二是特殊教育学校领导和教师队伍专业化程度参差不齐，整体水平偏低。教师队伍参差不齐，教学技能相对偏低，其整体的专业技能与素养有很大的提升空间。具体表现为专业知识匮乏、学历不高、专业素质较低，有的特殊教育教师没有经过专业培训或是只经过很短时间的培训就开始上岗执教。

三是特殊教育教师工作压力大，教师队伍不够稳定。特殊教育教师工作环境比较特殊，心理压力大，其特教身份不易被同行和社会理解、认同。有的特殊教育教科研人员长期从事特教教研工作，但是在特教津贴、教师待遇等方面都被排除事业之外，工作积极性不高。在评优、评奖、晋级等方面，特教教师的机会和平台相对较少，认同感差，导致特殊教育教师的成就感严重不足。

（五）特殊教育经费投入不足

发展特殊教育，离不开财政投入。特殊教育不同于普通教育，想要开展良好的特殊教育工作，在资金上就需要更多的投入。无论是送教上门、医教结合、特殊学校建设，还是发展特殊职业教育，都需要大量资金支持。很多残疾学生家庭条件都比较一般，大多是贫困家庭，是社会的弱势群体，需要政府的生活救助、教育扶助。特殊教育投入不足、保障不全面、社会救助不到位等，直接影响残疾人入学，影响特殊教育的健康发展。

二、"十三五"期间辽宁民族教育改革发展的问题与不足

（一）少数民族学校教育质量待提升，特色不鲜明

一是全省少数民族学校整体办学水平偏低，教育教学质量有待进一步提升。民族地区相对信息闭塞，社会传统习俗观念深厚，群众思想观念落后，接受教育的意识淡薄，学生基础相对较弱。

二是民族教育地位还不够突出，特别是民族教育特色不鲜明。广大中小学、幼儿园学生对民族的历史、文化、风俗并不十分了解，在实际教学中民族教育彰显不够。同时，与汉族学校之间的教育交流开放不足、形式单一，有待进一步增强。

（二）民族教育师资力量薄弱，双语教师匮乏

一是民族地区师资普遍缺编。民族教育师资力量比较薄弱，在山区、偏远地区学校尤为突出，师资水平普遍较低，"派不进""留不住"，个别乡镇学校只好使用代课教师，教育教学质量难以保障。优秀教师不愿去农村基层、艰苦边远地区和薄弱学校，有的地方出现年年招聘、年年缺人的现象；有的地方招聘来的好教师留不住，许多调往发达地区、进入政府机关或辞职。双语教师数量严重不足。阜新市专业蒙古语文教师短缺，辽阳县有两个满族乡招不到满语教师。双语教师培养培训机制不健全，高等师范院校和民族院校普遍没有双语师资培养职能，导致一些地区双语教师极度缺乏，影响了民族地区教学质量的提高。

二是民族教育教师培训和激励力度不够。教师培训缺乏科学性、针对性和持续性，专业性民族教育教研活动匮乏。许多教师的素质和语言能力不能适应教学要求，又缺乏学习汉语的语言环境，教育教学质量无法保障。教师激励和评价机制不完善。许多双语教师同时承担通用语言和民族语言两门课程的任务，课业负担重，但在工资待遇、职称评定和职务晋升等方面缺乏相应的激励政策，挫伤了民族教师的工作积极性。

（三）民族教育保障不足

一是办学条件需要进一步改善，硬件建设等有待加强投入。部分少数民族群众长期居住在山区以及边境地区，当地自然环境恶劣，地广人稀，居住分散，交通不便，办学成本较高，编制需求增加，布局调整困难，办学管理难度大，发展教育事业需要更多的投入。

二是民族教育教学资源严重匮乏。由于少数民族学生人数少，民族出版物印量不多，少数民族图书出版事业一直面临市场需求萎缩、收支成本高、投入严重不足等困难，进而导致民族教育教学资源匮乏。

（四）民族生源数量减少

近年来，全省少数民族生源越来越少。以丹东市为例，该市朝鲜族人口出现负增长，致使朝鲜族学生入学率呈逐年递减的趋势，而且朝鲜族学生在汉族学校就读比例较大，全市在汉族小学校就读的朝鲜族学生有 17 人，占朝鲜族学校小学生总数的 24%，在汉族中学就读的朝鲜族学生有 10 人，占朝鲜族中学学生总数的 33%，直接影响到了朝鲜族学校生源。阜新市蒙古族学生弃学蒙古语文外流现象也比较严重。

第三节

特殊教育和民族教育改革发展的形势与使命

"十四五"时期是我国经济社会发展从全面实现小康向全面现代化迈进的第一个五年，也是我国教育加快现代化步伐、实现高质量发展、建设教育强国的关键五年。根据党的十九大和十九届五中、六中全会关于"建设高质量教育体系"的总体要求，辽宁省要不断加强特殊和民族教育内涵建设，完善保障机制，全面提高教育质量，时刻以习近平新时代中国特色社会主义思想为指导，坚持以人民为中心的发展理念，全面贯彻党的教育方针，努力办好让人民满意的教育，为促进残疾人民和少数民族人民幸福生活贡献力量。

一、建设高质量教育体系对特殊教育和民族教育提出新使命

根据《中华人民共和国国民经济和社会发展第十四个五年规划和2035 年远景目标纲要》的总体部署，面向"十四五"乃至 2035 年，教育战线要坚持以人民为中心的发展理念，深化教育改革，加快教育现代化，建设高质量教育体系，办好人民满意的教育。《中国教育现代化 2035》

聚焦教育发展的突出问题和薄弱环节，重点部署了面向教育现代化的十大战略任务，明确提出要"推动各级教育高水平高质量普及"。实现教育高质量发展，"构建高质量教育体系"，不仅是改革开放和社会主义现代化建设、促进人的全面发展和社会全面进步对教育所提出的新要求，也是站在新的历史起点上中国教育必须承载的新使命、新期待、新蓝图，同时也为新发展格局下特殊教育和民族教育高质量发展指明了新方向。

教育改革发展是一项系统工程，任何一个领域的改革都会"牵一发而动全身"。特殊教育和民族教育是教育系统重要组成部分，与整体教育发展、与教育系统内部其他要素发展之间有着既相互依赖、相互联系又相互制约的关系。办好特殊教育和民族教育，是推进教育高质量发展不可或缺的重要内容，对教育的整体改革发展和教育现代化的全面推进至关重要。在新形势下，必须与时俱进，立足新发展阶段、遵循新发展理念、构建新发展格局，共同致力于高质量教育体系建设，及时将战略重心转移到内涵发展上来，切实加大基础投入，努力提升办学水平，全面提高特殊教育和民族教育质量。

二、满足人的全面发展和多样化教育需求对特殊教育和民族教育提出新任务

习近平总书记在党的十九大报告中指出，"中国特色社会主义进入新时代，我国社会主要矛盾已经转化为人民日益增长的美好生活需要和不平衡不充分的发展之间的矛盾"。这一主要矛盾在教育领域的表现，就是人民日益增长的对优质教育服务的多元需求与教育发展不平衡不充分之间的矛盾。由于人的能力的多样性、需求的多样性、发展的多样性决定了必须通过提供多样化的教育满足人民对教育的不同需求。特殊教育主要是面向视力、听力、言语、肢体、智力、精神、多重残疾以及其他有特殊需要的儿童少年提供的教育，是教育事业的重要组成部分，是衡量社会文明进步的重要标志。"十四五"期间，要立足多样化教育需求，促进残疾儿童少年自尊、自信、自强、自立，实现其最大限度地发展，

切实增强残疾儿童少年家庭福祉，努力使残疾儿童青少年成长为国家有用之才。

三、推进教育公平对特殊教育和民族教育提出新要求

联合国《2030 年可持续发展议程》确立的 2030 年世界教育发展目标是：给每个人一个公平的机会，"到 2030 年，消除教育中的性别差距，确保残疾人、土著人民和处境不利儿童等弱势群体平等获得各级教育和职业培训"。习近平总书记强调，教育公平是社会公平的重要基础，要不断促进教育发展成果更多更公平惠及全体人民，以教育公平促进社会公平正义。特殊教育和民族教育是基础教育中的短板，只有迅速补齐短板，确保短板不短，才能更好地为人民谋幸福。努力创造条件让残疾孩子和少数民族孩子接受良好教育，对于促进社会和谐稳定具有重大意义。习近平总书记多次指出"残疾人是人类大家庭的平等成员""实现'一个都不能少'的目标，对残疾人要格外关心、格外关注"。推进教育公平，就是确保一个孩子都不能落下。要缩小差距，办好特殊教育，优先加快特殊教育发展，推进教育实现公平。要将加快发展民族教育摆在构建优质均衡的基本公共教育服务体系的突出位置，确保全国各民族人民一道平等共享全面小康和现代化的美好生活。

第四节

特殊教育和民族教育改革发展的思路与目标

"十四五"时期，我国特殊教育和民族教育事业将继续以习近平新时代中国特色社会主义思想为指导，深入贯彻落实党的十九大和十九届历次全会精神，全面贯彻党的教育方针，落实立德树人根本任务，遵循

特殊教育规律，以适宜融合为目标，按照拓展学段服务、推进融合教育、提升支撑能力的基本思路，加快健全特殊教育体系，不断完善特殊教育保障机制，全面提高特殊教育质量，促进残疾儿童青少年自尊、自信、自强、自立，实现其最大限度地发展，切实增强残疾儿童青少年家庭福祉，努力使残疾儿童青少年成长为国家有用之才。各族师生的中华民族共同体思想基础进一步打牢，双语教育体系进一步完善，国家通用语言文字教育成果得到进一步巩固，民族语言文字教学质量进一步提高，促进各族学生交往交流，各民族的优秀文化传统得到继承和弘扬，基本满足少数民族群众对优质教育的需求，加快推进民族教育现代化，办好人民满意的教育。

一、特殊教育发展的思路与目标

（一）发展思路

"十四五"时期，要主动适应全面建设社会主义现代化国家对特殊教育发展提出的新要求，聚焦特殊教育高质量发展，以习近平新时代中国特色社会主义思想为指导，坚持以人民为中心的发展理念，坚持创新、协调、绿色、开放、共享新发展理念，全面贯彻党的教育方针，坚持立德树人，以普及 15 年特殊教育为重中之重，以全面推进融合教育为抓手，以提供适合教育、培养德智体美劳全面发展的社会主义建设者和接班人为根本，以完善特殊教育保障机制为动力，加快推进教育现代化，全面加强内涵建设，全面提高特殊教育质量，努力办好让人民满意的特殊教育，为建设社会主义现代化教育强国和促进残疾人民生活幸福提供有力支撑。

（二）发展目标

全面普及十五年特殊教育，适龄残疾儿童义务教育入学率达到97%，非义务教育阶段残疾儿童青少年入学机会明显增加。进一步完善以普通学校随班就读为主体、特殊教育学校为骨干、送教上门为补充的特殊教育发展体系，推动各级各类特殊教育协调发展。全面提升特殊教育保障能力，实行残疾学生从学前教育到高中阶段教育 15 年免费教育，积极开展残疾人职业技能培训，提高残疾人就业创业能力。鼓励支持 20 万人口以上的县（市、区）办好一所达到标准的特殊教育学校。统筹中央、省、市、县特殊教育专项资金，改善学校办学条件，加强无障碍设施设备建设配备，支持特殊教育学校和普通学校资源教室配备，满足残疾儿童需求的教育教学、康复训练等仪器设备和图书。有效推进孤独症儿童教育。深化特殊教育课程改革，推进融合教育，全面提升特殊教育质量。加强特殊教育师资队伍建设，保障特教教师待遇。

二、民族教育改革发展的思路与目标

（一）发展思路

将加快发展民族教育摆在构建优质均衡的基本公共教育服务体系的突出位置，继续坚持普特政策并举，坚持质量特色并重，继续实施各项普惠政策、特殊政策、重点倾斜和专项扶持，加快缩小区域、城乡差距。扩大普惠性学前教育资源供给，加快补齐农村教育发展短板，保障民族地区小规模学校和寄宿制学校建设与发展。全面加强县域普通高中建设，办好高校民族预科教育，深化教育对口支援，不断提高城乡区域基本公共教育服务均等化水平。

（二）发展目标

到 2025 年，全面加强中华民族共同体意识教育。推进学校民族团结进步教育，开好民族团结进步教育专题课，创新民族团结进步教育实践活动，组织文体名师名家进中小学，通过举办专题培训、座谈交流、事迹分享、主题演讲、实践教育等活动，促进各民族学生共学共进。全面加强国家通用语言文字教育，开展民族学校教师国家通用语言文字教育教学能力培训。稳步推进民族学校三科统编教材使用全覆盖，规范少数民族文字教材的编写、使用和管理。提高西藏班、新疆班教育管理服务水平。强化以爱国主义和民族团结进步教育为重点的德育工作，提升西藏班、新疆班办学质量水平，稳妥科学推进混班教学、混合住宿，促进西藏班和新疆班学生与当地学生广泛交往、全面交流、深度交融、共同成长。办好高校民族预科班。

第五节
特殊教育和民族教育改革发展的任务与举措

新时代，新教育，新使命。中国教育正在进入一个从教育大国到教育强国的新时代，一个中国人民享受世界水平现代化教育的新时代，一个中国教育走向世界舞台中央的新时代。新时代中国教育发展的总战略是优先发展，总方向是教育现代化，总目标是建设教育强国，总任务是立德树人，总追求是办好人民满意的教育。特殊教育和民族教育是教育事业中的重要一环，在改革发展的大潮中同样面临新任务。

一、特殊教育改革发展的任务与举措

（一）主要任务

一是进一步提高残疾儿童少年义务教育普及水平。采取更加有力的措施，确保残疾儿童少年义务教育入学率达到97%以上，实现残疾儿童少年义务教育的全面普及；同时，要加快非义务教育阶段残疾儿童少年教育的发展，提高残疾人受教育程度和综合素质，为他们彻底脱贫和过上小康幸福生活提供坚实有力的教育与智力支撑。

二是大力推进融合教育。根据《残疾人教育条例》和国家有关文件要求，构建完善的"以普通学校随班就读为主体、特殊教育学校为骨干、以送教上门为补充"的特殊教育发展体系，形成普通学校和特殊教育学校责任共担、资源共享、相互支撑的发展格局，加大政府统筹力度，加

强融合教育支持保障体系建设，积极推进融合教育发展，促进更多的残疾人通过融合教育，更加充分平等地融入社会。

三是要努力提高特殊教育质量。根据党的十九大提出的"发展素质教育"的新要求，全面贯彻党的教育方针，坚持五育并举，立德树人，全面执行国家课程计划和课程标准，推进素质教育导向的教学改革，提高特殊教育的合适性，创新特殊教育人才培养模式，促进每一个残疾学生生动、活泼、全面发展。提高特殊教育质量，根本在教师。要根据中共中央、国务院《关于全面深化新时代教师队伍建设改革的意见》和教育部《特殊教育教师专业标准（试行）》的要求，进一步加强特殊教育教师队伍建设，制定出台特殊教育编制标准，保障特教教师待遇，全面提升教师专业化水平，促进特殊教育质量提高。

四是要建立完善特殊教育发展支持保障机制。按照"特教特办"的原则，确保特殊教育在各类教育中的优先发展地位，加强领导，加大特殊教育经费等政策支持和保障力度，加快各级各类特殊教育发展，确保特殊教育各项目标任务如期完成。

（二）主要举措

一是确保适龄残疾儿童少年九年义务教育全覆盖。接受九年义务教育是我国宪法及相关法律赋予适龄残疾儿童少年的平等受教育权，是保障残疾孩子成长和发展的根本措施，也是各级人民政府、教育行政部门、学校和家长以及全社会应尽的法定职责和义务。九年义务教育具有全民性、基础性、均衡性、免费性和强迫性。加强特殊教育学校建设，强化学校文化建设、内部治理和人员配备（包括校医、生活老师和安全管理员），改善学校办学条件，扩大学校办学规模，提高学校办学水平。加大推进随班就读工作力度，贯彻落实教育部相关文件规定，尽量使更多残疾儿童依法就近入学，应随尽随。

二是大力发展学前和高中阶段特殊教育。努力提高学前特殊教育质量，将残疾儿童学前教育（含康复）纳入国民教育统一规划、建设和管理之中，鼓励特教学校举办学前教育，支持普惠性幼儿园发展融合教育，加强对残疾儿童康复机构的指导和检查，适当放宽残疾儿童康复机构办园审批许可条件，引导康复机构加快向学前教育机构转型，实行教育为主、康复为辅、保教结合的育人模式。实施普特并举，以普通职业教育机构为主，县级特校采取与当地中等职业学校合作办学等方式，积极举办残疾人职业技术教育。残疾人职业技术教育要遵循职业技术教育的规律和残疾人身心特点，合理设置专业，实行以就业为导向、以能力为本位、产教融合、工学结合的人才培养模式，注重提高教育质量。各地残联要重视和支持残疾人职业技术教育发展，就业保证金要依法按比例支持举办残疾人职业技术教育，积极探索学校职业技术教育与重度残疾人托养及辅助性就业相结合的合作办学模式，加强残疾人职业培训和就业培训，积极创造更多的就业机会和条件，力争使绝大多数城乡新增残疾劳动力接受高中阶段教育，实现残疾人充分就业。

三是提升特殊教育质量。改革教学组织方式，坚持集体教学，同时更加注重差异教学和个性化教学，将集体教学与分层教学、小组教学、走班制教学、复式教学、合作教学等多种教学组织形式结合起来，注重按需施教、因材施教，提高教学的适切性和有效性。注重课内课外、校内校外各种活动的开展，为每一个学生提供更多的参与学习及各种活动的机会。加强特殊教育学校信息化、智能学校、数字校园和无障碍设施等建设，大力推进信息技术、"互联网＋"、大数据、辅助技术和人工智能等在特殊教育教学中的应用，推进现代科技与特殊教育课程、教学的深度融合，促进育人方式变革和教学质量提高。逐步建立综合、多元、动态、个性化的学生素质整体评估和教学质量的评价体系及评价方式，将思想品德、学业水平、身心健康、艺术素养、劳动观念、劳动技能、社会实践、科学知识以及生活技能掌握情况作为基本内容，强化过程性评价和成长性评价。注重校本课程建设，强化课程实施的综合性、整体性、活动性、教育性与灵活性，开发潜能，改善功能，提高学生的基本文明素养、生活能力、劳动能力、职业能力和综合素质。

　　四是全面推进融合教育。加强对融合教育工作的组织领导和制度建设，建立健全推进融合教育的现代治理体制及运行机制。开展融合教育的普通中小学和幼儿园，依法落实享受特殊教育学校国家生均公用经费标准，人员编制上适当放宽，配齐配足资源教师和专业人员等政策规定。加强融合教育支持体系建设，不断提高融合教育质量。加强特殊教育指导中心建设，逐步建立融合教育巡回指导制度及体系，依托特殊教育指导中心和残疾人教育专家委员会，加强区域融合教育规划与组织，开展巡回指导，加强教师培训，指导普校资源教室建设，整合教育资源，组织融合教育学校共同开展科学研究，推进区域融合教育发展。普通学校要建立校内专业支持体系，主要包括建立融合教育管理机构和共同体性质的专业团队，建设资源教室，根据教育评估以及不同学生特殊需要进行课程与教学适性调整；充分利用资源教室为残疾学生和其他有特殊教育需要的学生开展个别学业辅导、学习策略指导、心理咨询、心理调适、手语盲文教学、康复训练等特殊教育专业服务和学习支持，提高资源教室的利用效率；加强学校融合文化建设，形成友爱互助合作的良好班风和校风。加强家长教育，逐步形成家校协同配合的家庭支持机制。

　　五是优化特殊教育教师队伍。根据教师队伍建设的总体规划和区域布局，重点打造一批师范院校、急需专业和教师培训基地，提高师范院校特殊教育教师的培养规模和培训能力。加强特殊教育学校在职教师队伍培训，以新手教师、骨干教师、学科带头人和融合教育巡回指导教师的培训为重点。国培和省培项目也应向特殊教育教师倾斜。各地应着眼于教师队伍结构优化和专业水平提升，将特殊教育教师和融合教育教师培训纳入当地教师队伍建设总体规划、突出重点、分步实施、注重能力、按需施培，不断提高教师队伍整体专业化水平。依法落实国家关于特殊教育教师津贴等政策，逐步建立与特殊教育职业及专业地位相匹配的特殊教育教师工资薪酬制度、特教津贴制度、绩效工资制度及收入逐步增长机制，提高特殊教育教师物质待遇和社会地位，增强特殊教育职业的吸引力。在评奖、评优、晋级等方面予以适度的政策倾斜。

二、民族教育改革发展的任务与举措

（一）主要任务

一是加强铸牢中华民族共同体意识教育。坚持以习近平新时代中国特色社会主义思想为指导，坚持不懈开展马克思主义祖国观、民族观、文化观、历史观教育，不断夯实中华民族共同体意识思想基础。完善民族团结进步教育常态化机制，促进各族学生交往交流交融和各民族文化交融创新。

二是深化少数民族双语教学改革。落实国家政策，注重加强中小学双语教育教学管理，全面加强国家通用语言文字教育，坚决守住意识形态主阵地，牢牢抓好课堂教学育人主渠道，全面推广国家统编三科教材，强化民族文字教材的编写审核。加强少数民族双语教科研工作和少数民族双语教师培训工作。

三是进一步办好内地民族班。坚持"严爱细"原则，以提高教育教学质量为重点，改善内地民族班办班学校办学条件，加强爱国主义教育和民族团结教育、进一步深化教育教学改革、切实加强内地民族班常规管理、维护学校安全稳定、大力加强教师队伍建设和教科研工作，建立健全经费保障机制。

四是加强民族学校校园文化建设。充分发挥教育在各民族文化交融创新中的基础性作用，按照民族传统和特色加强民族学校校园文化建设。突出民族特征，丰富民族内涵，把中华优秀传统文化融入中小学教材和课堂教学。

（二）主要举措

一是促进民族文化传递和各族学生间交融。提升学校教育对于民族文化的传递、传播与分享的影响。学校保护和传承民族文化有利于从根本上促进民族认同，增强民族自豪感。增加民族语言文字课程和民族文化教育内容，引导学生体验民族文化魅力。鼓励不断扩大民族学校及各民族学生之间的交流交往范围与形式，促进不同民族学校及学生共学共进。鼓励普通中小学与民族学校开展"结对子""手拉手"主题活动，促进各民族学生之间、教师之间的沟通交流、交往、交融，增进相互理解。

二是进一步加强少数民族师资队伍建设。对实施双语教学的民族中小学，在教师编制上适当放宽标准和实施优惠政策，根据实际班数和工作需求核定教职工编制；在特级教师、优秀教师等各项评选中向少数民族学校校长和教师予以适当倾斜；积极推进民族师范生定向免费培养计划，通过适当降分录取、实行"订单式"培养，为少数民族培养大批紧缺教师，积极拓宽民族教师来源渠道；加强民族学科基础能力建设，支持民族院校培养双语人才，继续实施少数民族高层次骨干人才培养计划，在本专科招生计划、研究生培养计划、国家公派留学生计划和骨干教师培训等方面予以倾斜；健全教研工作保障体系，创新教研工作模式，开展有效教研活动；建立健全民族学校教师队伍退出机制。对无法胜任教学工作的教师进行合理分流，空出的编制用于补充新教师，缓解民族学校教师队伍年龄老化、结构性缺编问题。

三是进一步推进民族教育双语教学。大力发展少数民族双语教学，对于尊重和保护少数民族文化、提高少数民族科学文化素养、加快民族地区社会经济发展、促进民族团结和社会稳定具有深远意义。辽宁省朝鲜族和蒙古族学校实行双语教学，建议在保持相同学制的前提下，把少数民族学前一年教育纳入义务教育范畴，落实生均公用经费，进行早期双语教育。允许民族学校根据双语教育的实际需要，适当调整课时计划，逐步缓解民族中小学课时紧张的问题，加强双语教育的针对性和实效性。建立省级双语教育专家咨询委员会，对双语教育教师提供专业指导，完善双语教育质量监测、评价与督导机制。在高等学校建立双语教师培养培训基地，支持师范院校免费培养双语教师和内地为民族地区中小学与幼儿园定向培养双语教师，实施专项双语教师特岗计划。

四是进一步加强少数民族教育教学资源建设。加大民族文字教材、教辅资料、音像制品的编译、审定和出版资助力度。建议从省级民族教育专项经费中划出一定数额资金或设立专项资金用于编写出版少数民族文字版课外读物，研究开发少数民族语言文字的优质课件等教育教学资源。在教材建设上要加大对地区性乡土教材开发的扶持力度，鼓励学校教师和相关研究人员积极结合本地实际情况，有针对性地开发一些与当地风土人情、习俗传统等紧密结合的校本教材，鼓励各民族地区学校将民歌、民族乐器、民族舞蹈、民族服装、民间工艺品的制作等多种民族文化融合到课程中。整合研究力量，建立双语教育科研平台，依托大学和科研单位建立民族教育研究机构，设立专项课题，开展民族教育理论和实践研究，提高民族教育质量。

五是深化内地西藏班、新疆班教学管理。探索推进内地民族班混班教学、混合住宿，鼓励少数民族学生积极参加学校文体活动，组织开展当地学生与内地民族班学生之间互帮互学、友好班级等活动，促进内地民族班学生尽快融入当地学习、生活。

第六节

特殊教育和民族教育改革发展的支撑与保障

办好特殊教育和民族教育，是以人民为中心的新时代中国特色社会主义的基本要求。习近平同志指出，"残疾人是一个特殊困难的群体，需要格外关心，格外关注""让广大残疾人安居乐业、衣食无忧，过上幸福美好的生活，是我们党全心全意为人民服务宗旨的主要体现，是我国社会主义制度的必然要求"。教育是排在民生之首的重要内容，又是改变残疾人民生的重要手段和基本途径。民族团结是我国各族人民的生命线，是我国所有民族政策的基本原则，是中华民族凝聚力的重要体现，是我国特色社会主义建设的重要部分，坚持民族团结对于促进经济社会发展具有重要的意义。而民族教育在其中发挥着举足轻重的作用。因此，全省要统筹利用好、布局好各类教育资源，确保其向薄弱环节、特殊群体、少数民族倾斜，夯实特殊和民族教育基础，为特殊教育和民族教育的高质量发展创造有利条件。

一、坚持党的全面领导

一是坚持党对特殊教育事业的全面领导是中国特殊教育事业发展的最大特色，也是中国发展特殊教育事业的最大优势。习近平总书记强调，对儿童特别是孤儿和残疾儿童，全社会都要有仁爱之心、关爱之情，共同努力使他们能够健康成长，感受到社会主义大家庭的温暖。这是我们党坚持社会主义办学方向的必然要求，也是坚持以人民为中心理念的重要体现。有了党的坚强领导，我国的特殊教育事业才能够得到持续发展。坚持党对特殊教育事业的全面领导，在实践方面要求各级党委和政府要切实提高政治站位，从办人民满意的教育这个根本目标出发，将办好特殊教育纳入重要议事日程，坚持做到特教特办、重点扶持，为推动特殊教育高质量发展创造更加良好的环境和条件。

二是强化政治引领，坚持党对民族教育工作的全面领导，发挥党在民族教育工作中的政治引领作用，是民族教育工作保持正确方向的根本政治保证。一方面，加强党的政治思想领导，坚持社会主义的办学方向。民族教育工作要贯彻"为党育人、为国育才"的初心使命，落实"立德树人"的根本任务，解决"培养什么人、怎样培养人、为谁培养人"这一核心问题，确保民族教育正确的政治方向问题。另一方面，强化党对民族教育工作的组织及业务指导。民族地区教育因受特殊的历史、自然影响与制约，发展速度缓慢，相对薄弱。要加强党对民族教育工作的组织及业务指导，部署安排熟悉业务的党员，做好民族地区教育管理工作，切实解决教师队伍建设、教材管理、学生思想政治教育及推普巩固等问题，推动民族教育工作上台阶、出水平。

二、加大经费投入

一是巩固完善特殊教育经费投入机制。落实并提高义务教育阶段特殊教育学校和随班就读残疾学生生均公用经费补助标准，到 2025 年将义务教育阶段特殊教育生均公用经费补助标准提高至每生每年 7000 元以上，有条件的地区可适当提高补助水平；各地应落实学前、高中阶段生均拨款政策，继续向特殊教育倾斜。地方财政可设立特殊教育专项补助经费，加强特殊教育基础能力建设。进一步优化完善残疾学生特殊学习用品、干预训练及送教上门教师交通费补助等政策。用好中央财政特殊教育补助资金，重点支持中西部地区特殊教育学校改善办学条件、向重度残疾儿童接受义务教育提供送教上门服务等。

二是各级政府要切实增加民族教育投入。整合民族教育中央专项资金并适时扩大资金规模，集中用于解决双语教育、教师培养培训、民族团结教育、民族文化交融创新等方面。各级人民政府在安排财政转移支付资金和本级财力时要对民族教育给予倾斜。对口支援资金要继续加大对教育事业的支持力度。完善内地民族班办学经费投入机制。

三、强化督导评估

一是建立完善特殊教育发展状况监测制度，形成特殊教育事业发展动态监测机制。建立完善特殊教育事业发展评估和监督机制，即由上一级政府组织相关部门定期对下一级区域特殊教育事业发展情况进行专项评估、检查、视导，将特殊教育发展状况纳入政府年度督学范围，形成特殊教育发展检查评估监督及制约机制，确保和促进特殊教育高质量发展。在市级人民政府履行教育职责督导评价和义务教育优质均衡发展督导评估认定中，将特殊教育改革发展情况作为重要内容。各地教育督导部门和责任督学要将特殊教育纳入督导范围。省级人民政府要加强对特殊教育发展提升行动计划实施情况的指导与督查，将落实情况纳入市县两级政府绩效考核，建立激励与问责机制。

　　二是建立健全民族教育政策落实情况监督检查机制和专项督导评估长效机制。建议省政府教育督导部门两年开展一次民族教育专项督导工作，市政府教育督导部门每年开展一次民族教育督导专项工作，督促各级政府落实民族政策，保障民族教育事业健康发展。将民族教育纳入教育督导评估工作，建立健全民族教育监督工作制度。研究制定民族教育发展专项规划和年度计划，明确发展目标、主要任务、改革举措、重大项目和保障措施。

第六章

基础教育课程改革和素质教育全面实施

教育现代化的核心是人的现代化。促进学生身心健康成长，提升人才竞争力是教育现代化的重要任务。基础教育课程改革是我国为迎接知识经济时代的到来，应对日益激烈的国际竞争，立足于全面提高国民素质，提升综合国力做出的重大战略决策。"十三五"期间，辽宁省坚持以人为本，把基础教育课程改革作为培养学生核心素养的主要抓手，全面实施素质教育，着力提高教育质量，促进学生全面健康成长。

第一节

基础教育课程改革深入实施

"十三五"期间，辽宁省坚持把基础教育课程改革作为战略性、全局性工作重点推进，作为实施素质教育的重要抓手来整体谋划和设计，认真研究和领会国家课程改革的战略意图与基本思路，并把国家课程改革要求与辽宁省实际情况结合起来，因地制宜地扎实推进。各级教育行政部门锐意改革、开拓进取，广大中小学校勇于探索、大胆实践，扎实推进基础教育课程改革，全面实施素质教育，大力推进教育高质量内涵发展，初步构建起体现素质教育要求、具有辽宁特色的基础教育课程、教材体系和课程、教学、教材的科学管理机制，推进了人才培养模式变革和考试评价制度改革，促进了教师专业素质显著提高和学生综合素质全面发展。

一、全面深化义务教育课程教学改革，教育教学质量显著提升

2016 年下半年以来，省教育厅坚持以落实立德树人根本任务为宗旨，以"面向全体学生、全面提高义务教育质量、促进学生全面发展"为准则，统筹规划、系统设计、稳步推进，陆续出台《辽宁省全面深化义务教育课程改革的指导意见》《辽宁省义务教育课程设置方案（2016 年修订）》《辽宁省义务教育地方课程实施意见》《辽宁省义务教育地方课程指导纲要》《辽宁省教育厅关于加强义务教育校本课程建设的指导意见》等系列政策文件，将 10 余种地方课程教材深度整合为专题教育《人与自然》《人与自我》《人与社会》和省情教育《魅力辽宁》4 种，拿出 10% 的课时来强化实践育人，促进减负提质增效，强化课程的综合性、适应性和灵活性。陆续对全省各市、县（市、区）教育行政干部与教科研机构人员和部分中小学校长开展有针对性的政策解读培训，先后在鞍山、抚顺、阜新等地召开 5 次课改推进现场会，努力促进课改理念深入人心，政策措施把握到位，贯彻执行高效务实。

二、加强组织领导和工作机制建设，确立学校课程改革的主体地位

课程改革具有综合性和复杂性特点，推进课程改革，需要形成良好的推进机制。在实践中，辽宁省逐步探索出行政推动、业务带动、学校主动、社会参与、政策支持、经费保障、督导监督的课程改革推进机制。

一是加强课程改革组织机制和责任机制建设。为加强课程改革工作的领导与协调，辽宁省认真做到"四到位"，即政策研究到位、工作部署到位、指导培训工作到位、调研和解决具体问题到位。各中小学成立了以校长为组长的课程改革领导小组，主要负责制定学校课程改革方案，实施三级课程，开展校本研修，建设校本课程，实施校本评价，负责学校课程管理。同时，各级督导部门也参与课程改革，努力发挥出督导的积极作用。

二是确立学校在课程改革的实施主体地位。学校是最重要的课程改革基地，辽宁省始终把学校摆在课程改革的实施主体地位，鼓励学校在课程改革的各个方面进行自主探索和实验。并于 2012 年启动了义务教育课程改革示范学校创建工作，下发了《辽宁省教育厅关于开展义务教育课程改革示范学校创建工作的通知》，到 2017 年，全省建设 550 所小学、300 所初中作为"辽宁省义务教育课程改革示范学校"，在深入推进课程改革中发挥示范导向作用。在课程改革中，大力支持国家课程的校本化实施，支持广大中小学开展校本研修，建设校本课程，引导中小学开展校本评价，鼓励中小学形成课程改革的校本特色。

三是广泛动员家庭和社会支持课程改革。基础教育课程改革涉及全省几百万儿童和青少年的学习与成长，也受到几百万家庭和社会的广泛关注。没有家庭和社会的理解、支持与参与，课程改革将受到质疑与阻碍，难以落到实处。为了得到广大家长的理解与支持，各市普遍重视利用媒体、家长学校、家长委员会、学校开放日等多种途径和形式，积极主动地宣传课程改革，营造课程改革良好氛围。同时，要求各学校每学期至少把家长请进课堂一次，让家长亲身感受新课程、体验新课程，从而支持课程改革。

三、以教育科研为引领，促进课程改革深入落实

教育科学研究是教育改革发展的"发动机"，教育高质量发展需要教育科学研究的支撑、驱动和引领。"十三五"时期，教育科研工作坚持以习近平新时代中国特色社会主义思想为指导，坚持改革创新，扎根辽宁大地开展教育科学研究，着力破解制约教育改革发展的基础理论和实践问题，不断提升协同创新能力和科研服务水平。为了不断提高教师解决教育教学实践问题的能力，辽宁省坚持科研引领，以课题为牵动，提高课堂教学效益。鼓励一线教师围绕课堂教学和学生成长中的热点难点问题，积极开展小课题研究（或称"微型课题"），主动进行教育教学的改进与创新，不断提高课堂教学的有效性。根据不同课型的学习内

容、学习目标、学习主体和学习过程存在的差异，开展可行的分类研究。针对一些城区和农村适龄学生数量减少、班额缩小的实际情况，开展小班化教学研究，针对学生年龄特点和学习规律，围绕"小组合作学习"，构建小班化高效课堂教学模式，在规范中创新，使教师的教学方式和学生的学习方式发生了根本性变化，课堂效益明显提升。围绕有效教学开展主题式、专题式、网络式相结合的校本研修，创新校本研修模式，努力提升教师的业务能力和教学水平。

四、以"聚焦课堂"为着力点，推进课程教学改革进一步深入

2019 年 6 月 23 日，《中共中央、国务院关于深化教育教学改革全面提高义务教育质量的意见》正式下发，提出"强化课堂主阵地作用，切实提高课堂教学质量"的要求，辽宁省充分发挥教研科研部门的指导作用，围绕高效课堂、优化教学方式、有效作业、教学信息化与应用等主题，在省级层面组织召开 5 次课堂教学改革现场会，全力打造高效课堂，积极构建课堂教学模式，引导区域教师以课堂教学研究、听课评课、教学竞赛活动等形式研究固化教学模式。促进教师潜下心来，积极开展以教法、学法为核心的教学模式研究和实践，让课堂高效，学生乐学。

2019 年 10 月，辽宁省教育厅和辽宁教育学院共同主办了"辽宁省深化义务教育课程改革提高课堂教学质量现场会"，向全省参会人员介绍了区域推进课程教学改革的先进经验，并通过小学和初中阶段的 40 多节课堂教学，向全省参会代表展示了区域深入推进课堂教学改革的丰硕成果，引领了全省课堂教学质量的提升，有力推进了课程改革的深化。行政管理者、学校管理者、教师对课程改革实施的认识得到进一步提升，对学校课程建设、课程管理、课程落实以及学校管理者的课程理念提升起到极大的推动作用。

2019 年，辽宁教育学院省级教研员深入课堂听课评课 200 多节，针对问题进行面对面指导。组织学科优秀课观摩与评比活动，展示交流并向国家推荐优秀课改成果。2020 年共组织小学语文、小学数学、小学英语、

小学科学、初中数学、高中语文、高中英语、高中物理、高中化学、全学段综合实践共 10 个学科教师参加 16 次全国比赛，获集体荣誉 2 项，辽宁教育学院被评为全国综合实践活动课程研究先进单位，全国现场课、网络课、录像课等获奖 90 多节，发出辽宁声音，树立辽宁形象。2020 年 11 月辽宁教育学院在高中 9 个学科选出具有典型性代表性的课例，在全省范围内组织召开了辽宁省普通高中新教材课堂教学展示与培训会，来自全省 417 所高中的 3500 余名教师参加了会议。大会深入探索了高中课程改革的新方法、新路径，交流了高中新教材在辽宁省使用的教育教学最新成果。此次活动展现了全省高中教师对于学科核心素养的理解和对新课程改革的深刻感悟，同时引领了全省高中教师不断在教学反思中前行。

五、以教研工作为载体，推进课程教学改革高效开展

教研工作作为中国特色社会主义教育事业独有的制度安排，是促进基础教育高质量发展的加速器。"十三五"时期，辽宁省切实树立"大教研观"，推动基础教育教研工作在理念、内容、方式和工作机制上的系统性、深层次变革，实现转型发展、创新发展。真正从关注学科教学转向关注学科的育人价值，从碎片化、散点式教研活动走向系统化主题式、项目式推进，从重经验重质性研究转向重证据和大数据分析的实证研究。探索形成了全省教研系统协同教研、融合教研工作新机制，开创了全省教研工作新局面。

一是建强省级教研员队伍。2019 年，辽宁教育学院在全省范围内公开择优选调选聘专兼职教研员，经过严格考核，选聘了高素质、专业化的省级专职教研员 37 人、兼职教研员 43 人，覆盖了基础教育全学段、各学科。高质量制定了教研员岗位职责与工作规范，加强团队学习与教研实践，不断提升专业水平和在业界的影响力，在全省初步树立了求真务实、敬业专业、团结奋战的新形象，获得了广泛的认同与支持。

二是建设涵盖"省、市、县、校"四级的学科教研核心团队。为贯彻落实辽宁省教育厅下发的《关于加强和改进新时代基础教育教研工作

的意见》精神，从 2020 年 6 月起开展学科教研核心团队建设工作，面向全省各市、县区级教研员以及优质学校校长或教学主任、教研组长，遴选了 2770 位教研核心团队成员，组建了从学前到高中各学科（领域）的 35 个教研核心团队，聘请了 55 位各学科领域的全国知名专家做顾问和导师，以"辽宁省教研员及教师队伍专业发展"项目为牵动，开展系列课程改革和教育教学实践研究，围绕基础教育课程教学改革的热点、难点和关键问题，研训一体，协作攻关，通过线上线下相结合的工作方式有序推进项目实施，各学科团队均取得了一定成绩，有效统整了全省各学科教研骨干力量，引领了学科教研方向，促进了教研和教师队伍专业成长，涵养了省域特色教研文化，为促进辽宁基础教育高质量发展贡献了力量。

三是以"学习—研究—实践—改进"模式建设名优骨干教师工作站。为凝聚、整合全省基础教育阶段各学科名优骨干教师力量，辽宁教育学院在 2020 年 10 月开启了"省级学科名优骨干教师工作站"建设工作，先行先试，遴选了首批 9 个省级工作站成员 360 人，其中包括名优教师成员 188 人、青年骨干教师 172 人，致力于培养、锻炼一支具有"高敬业品格、高合作精神、高专业水平"的学科优秀教师团队。探索学科名优骨干教师专业成长路径，围绕课程教学改革、教学诊断与改进、学习资源建设、考试评价改革等热点、难点和关键问题开展协作攻关研究，共同培育凝练具有辽宁特色的学科教育教学成果。省级专兼职教研队伍、35 个学科教研核心团队和 9 个学科工作站以"项目研究"和"课题研究"为基本工作方式，倡导以学科团队为单位进行学习，同时也倡导基于经验进行研究导向的教学改进和教研转型。

四是充分发挥教研的推动作用，聚焦课程教学改革，召开现场会、推进会和研讨会。围绕贯彻落实中共中央和国务院印发的关于基础教育的《关于学前教育深化改革规范发展的若干意见》《关于深化教育教学改革全面提高义务教育质量的意见》《关于新时代推进普通高中育人方式改革的指导意见》三个文件精神，辽宁省教育厅打破学段、学科界限，整合力量召开 5 次专题会议，推动教研工作高效开展。辽宁教育学院整合小学、初中和德育、体育艺术等各部门专兼职教研员的力量，在大连、葫芦岛和锦州分别召开了"辽宁省深化义务教育课程改革提高课堂教学质量（小学、初中）现场会"和"辽宁省深化义务教育课程改革提高德育课程实施质量推进会"，探讨破解深化课程改革过程中瓶颈问题的思路与举措，有力地促进了全省义务教育课程改革的深化和教育教学质量的提升。

六、积极应对新课程、新教材、新高考，大力开展培训引领课程改革深入实施

研训工作部门具有汇聚和统整区域各级各类教师教育资源的职能，是全省校长教师专业发展和个人成长的"蓄电池"。"十三五"时期，辽宁省主动适应教育高质量发展对教师队伍素质能力的新要求，突出价值引领，注重问题导向，强化实践环节，建设并逐步完善有高等学校、各级培训机构积极参与，由优质中小学校、幼儿园和优质企业做实践基地，融培养、培训、研究和服务于一体，开放、协调、联动、融合的校长教师专业成长的支撑模式和体系。

一是积极开展新课程、新教材培训。2019 年，组织开展高中 14 个学科高一年级新教材的省级培训，受益教师达 6000 多人。组织开展小学语文、道德与法治统编教材的省级培训，受益教师达 600 多人。协助开展培训管理者培训 800 余人。

二是开展初中学业水平考试命题专家候选人培训。2019 年，辽宁省教育厅修订了《辽宁省初中学业水平考试实施办法》，为构建全省初中学业水平考试统一命题的新机制奠定了基础。为顺利开展"考改"态势下的省级初中学业水平考试，先后两次对全省初中学业水平考试命题候选人进行深度培训，扩大了命题专家候选人队伍，提升了命题人员的专业水平。

三是组织开展线上高中全员教师的新教材培训。在全省范围内开展高一年级统编三科语文、思想政治、历史和数学学科下学期新教材培训，促进教师对新课程标准和新教材的把握，并对上学期新教材使用过程中

的问题进行研讨，做好下学期教学的准备工作。组织全省高中全学科教师开展线上新一轮高一、高二年级必修教材和选择性必修教材培训，使教师全面掌握教材编写思路，把握教材内容，做好教学工作。充分发挥线上培训教师覆盖面广、参与度高的优势，全体教师直接与教材编写者连线交流，及时提出问题并解决问题，培训实效性较好。

四是开展普通高中学业水平考试试题命制培训。为保障普通高中学生学业水平考试试题命制科学合理，开展了全学科的学考试题命制培训会。近年来，在每次教师参加学业水平考试命题人员入闱前，都要建立学科命题专家库，并组织专家库教师进行为期3—5天的命题培训，以确保被遴选的命题教师了解普通高中学业水平考试政策、具备一定的学科命题技术与实际命题能力，保证全省学业水平考试试题命制质量。2019年至今，辽宁教育学院带领全省各学科78位教师每年进行一个月的全封闭式入闱命题，统一命题思想、指导命题技术、把控命题质量。

七、停课不停学，疫情背景下高效统筹基础教育线上课程资源建设

2020年初，突如其来的新冠肺炎疫情彻底打乱了学校正常教学，根据教育部和省教育厅关于新冠疫情防控期间"停课不停学"的部署与要求，辽宁教育学院迅速成立教育教学资源建设工作组，第一时间发出线上资源建设倡议。统筹全省力量，组建由省、市、县（区）各学科专兼职教研员及名优学校骨干教师等共同组成的1700多人的资源研发团队，"四位一体"协同运作，明确资源标准和工作流程，确定工作时间表和任务图，建立层层审核机制，按照中小学2020年春季课时计划，分工合作研制优质在线学习资源。2月3日开始遴选优质教学资源并逐步上传"辽宁优质教育资源在线服务联盟平台"，为广大师生寒假期间的自主学习提供支持和服务。针对疫情防控和课程学习的需要，辽宁教育学院按照基础教育各学段、学科的课标要求和课程教材内容，研制并精选优质资源2万多个，内容涵盖幼儿园五大领域、中小学所有学科课程，体现"立德树人、

五育并举"，深度挖掘"抗疫"价值。2020 年 2 月以来，平台独立访客 95 万人，总浏览量达到 588 万次，访问者遍布全国 32 个省、市、自治区以及美国、加拿大、澳大利亚、日本等 14 个国家。辽宁省委宣传部在"学习强国"辽宁学习平台中开设了"中小学在线学习"专栏，为辽宁教育学院设置了 6 个版块，采纳资源近 800 个，增强了优质课程资源的辐射作用。

第二节

全面实施素质教育有效推进

实施素质教育是以全面贯彻党的教育方针为根本遵循，以提高国民素质为根本宗旨，以培养学生的核心素养和创新实践能力为重点，造就适应现代化建设需要的社会主义新人的国家战略。实施素质教育，必须把德育、智育、体育、美育、劳动教育有机地统一在教育活动的各个环节中。学校教育不仅要抓好智育，更要重视德育，还要加强体育、美育、劳动技术教育和社会实践，使诸方面教育相互渗透、协调发展，促进学生的全面发展和健康成长。"十三五"期间，辽宁省坚持"五育并举"，围绕突出德育实效、提升智育水平、强化体育锻炼、增强美育熏陶、加强劳动教育整体育人功能，全面实施素质教育，着力培养德智体美劳全面发展的社会主义建设者和接班人。

一、着眼学生全面发展，建设德育工作长效机制

"十三五"期间，辽宁省从上至下形成了以教育行政部门为主导，教育研究部门为辅助，中小学校积极实践的纵向教育工作格局和长效机

制。建立健全德育工作机制。各市制定了《中小学德育工作制度》，从整体上构建了具有地方特色的德育工作体系。中小学校组建了由校长全面负责，德育校长主抓，德育处为核心，教务处、团委（少先队大队部）共同参与，班主任具体落实，家长配合的德育队伍网络管理体系。加强德育队伍建设。加强对班主任队伍、德育管理人员的培训和建设，同时，通过家长学校加大对学生家长的培训力度，提高家庭教育质量。建立德育评估机制。出台《中小学德育工作考核评估方案》，从有利于指导德育实践出发，将德育评价纳入了义务教育课程改革示范校评比中，从学校德育实施方案、德育管理过程、德育基地建设等方面评价学校德育整体工作；从德育课程的教学、规章制度的建立与执行、工作常规的落实等方面评价德育实施过程；从思想品德发展状况、日常表现等方面评价学生的思想品德。加强和改进德育工作。2016 年，省教育厅召开了全省中小学德育工作会议，切实部署进一步加强和改进中小学德育工作，全面实施覆盖 5700 多所义务教育学校近 300 余万中小学生的"创文明校园·做最美少年"主题活动。

二、以项目为牵动，协作攻关解决德育与实践中的重点难点热点问题

为凝聚德育力量，整合优质资源，辽宁省遴选出百人省级中小学德育教研核心团队，以"德育教研核心团队建设与教研员专业成长研究"项目牵动，以落实《中小学德育工作指南》为抓手，协作攻关解决德育与实践工作中具有普遍性的问题和难点、热点问题，指导教育教学实践。召开了"2020 年辽宁省中小学德育主任工作会议暨德育教研核心团队建设与教研员专业成长项目启动会""辽宁省中小学德育系统化建构与高质量实施推进会暨中小学班主任育人能力提升网络启动会议""辽宁省中小学德育课程高质量实施会议"，推进辽宁省中小学德育系统化建构与高质量实施，进一步提升班主任育人能力和工作水平，推动全省班主任专业成长，促进德育工作的系统化、科学化和实效化。组织开展了辽

宁省中小学班主任育人能力提升网络培训，基础学习阶段面向全省班主任开设"汇聚、提升、成长——班主任育人能力"系列课程，邀请国内知名专家从班主任工作策略、心理健康教育、家校协同育人等方面做专题报告；提升学习阶段面向德育核心团队全体成员和各市班主任代表，开设"全国中小学德育骨干、班主任和心理健康教育教师网络培训示范班"培训课程，组织开展辽宁省中小学德育教研核心团队项目实施暨庆祝建党 100 周年"心向党、铸师魂、树美德"系列活动，着力提高中小学德育骨干、班主任和心理健康教育教师专业能力，增强中小学德育实效。

三、以学生身心健康发展为目标，推动中小学体育艺术教育内涵式发展

"十三五"期间，全省各地区教育行政部门、教科研单位、广大基层学校深入贯彻精神，依托有利环境，紧紧围绕新一轮课程改革，促进体育艺术教育内涵发展，提高教育教学质量，实现了辽宁学校体育艺术教育又一次自我超越。

一是增强学生体质，开展阳光体育运动。建立中小学校体育工作评估和学校体育工作年度报告制度。强化落实"学生每天一小时校园体育活动"，开足开齐体育课时；尝试每天上下午各 25—30 分钟的大课间体育活动办法，切实保证学生每天锻炼一小时的要求。以实施"体育艺术 2+1 项目"活动为抓手，积极推进体育课程、大课间和课外体育活动一体化校园阳光体育运动，坚持做好学生阳光体育冬季长跑活动，积极尝试"一校一品""一校多品"等多样化校园大课间和课外体育活动的内容，不断丰富活动的内容和形式。推出了全省 100 节中小学体育教学示范课，100 所"体育艺术 2+1 项目"活动示范学校。

二是夯实基础，校园足球工作开展有声有色。先后推出 7 个试点县、（区），4 个"满天星"训练营及 1120 所全国校园足球特色校。构建课程体系，实施大单元教学，建立校园足球特色团队和足球兴趣小组，每年组织开展青少年校园足球联赛，让足球走近学生，不断激发学生参与

校园足球的热情和激情。将健康教育和三大球（足、篮、排球）内容纳入体育中考方案，组织开展了高校高水平运动队评估检查，建设了 15 所高校高水平运动队项目，并充分体现了辽宁特色。

三是启动全省中小学生艺术素质测评。通过增值性评价机制的引入，由艺术素质测评逐步向艺术素养测评转换。特别是小学六年级的全面测评，在一定程度上减少了中考舆情，让师生家长了解美育中考流程、主要内容，提前为中考做准备。以启动辽宁省中小学生艺术素养测评的方式，带动全省教研员教师队伍深入研读课标标准，研究基于基础知识基本技能＋艺术审美体验＋艺术专项特长教学模式的学生学习策略，掌握评价标尺，强化内部造血机能，提高团队命题能力，进而提升教育教学评价能力。仅 2020 年，音乐美术学科共研制小初高三个学段命题音乐学科 26 套、美术学科 14 套，配套音频 26 套，并承担了两所学校定制命题任务。

四是深化美育课程改革。以提高学生艺术素养、陶冶高尚情操、培育深厚民族情感、激发创新意识为导向，构建以"审美·实效"为目标的学校美育课程体系，改进学校美育教学。加强教师队伍建设，提升美育教师队伍整体素质，借助省"艺术学科骨干教师三年培养计划""名师工程""名师工作室""优秀艺术教研组""美育精品课"建设等项目，盘活内部资源，培养树立典型，引领教师专业发展。以美育特色学校评估建设为重点，统筹整合资源，拓展学校美育发展新路径。通过评选美育特色学校、美育优秀教研组、体育艺术教育示范县区，促进学校美育工作发展和教师教学能力水平提高。

五是推进健康校园建设。落实健康教育课程课时要求，多形式、多途径开展健康教育，将新时代校园爱国卫生运动的内涵和要求作为学校教育教学重要内容，融入德智体美劳全面培养体系，融入课程教材体系。完善学生健康体检制度和学生体质健康监测制度，准确把握学生体质健康变化趋势和规律。综合施策，扎实推进综合防控儿童青少年近视工作。加强普查监测，推进建档工作；建立青少年眼健康信息化系统，制定视力不良风险预警分级标准，开展监测、预警、评估和干预，建立学生视力健康档案；推进教医融合，组建辽宁省综合防控儿童青少年近视专家宣讲团，发挥专家作用。筑牢食品安全防线，保证师生"舌尖安全"。开展校园食品安全问题联合整治行动，细化工作任务，切实落实校园食品安全主体责任；重点督促各地进一步落实校长、园长陪餐制，提高学校食堂"明厨亮灶"覆盖率。稳步推进 15 个重点扶贫县农村义务教育学生营养改善计划实施。安排专项资金，加强进行食堂（伙房）建设（改造），采取食堂统一就餐、教师分餐、课间加餐等形式，全面实施营养改善计划，项目涉及学校和教学点 1415 所，惠及学生 47.8 万名，让学生吃上了安全、营养、热乎、可口的营养餐，学生生长发育水平有了良好的改善。

六是大力开展国防教育。认真贯彻落实国务院办公厅、中央军委办公厅《关于深化学生军事训练改革的意见》精神，高标准完成各项工作任务，学校国防教育工作走上制度化、规范化的发展轨道。健全组织机构，成立了辽宁省学校国防教育办公室，负责指导全省的学校国防教育工作。加大推进力度，把学校国防教育和学生军训工作作为首要工作，加强领导干部培训工作，推动学校国防教育工作开展；完善工作机制，与有关部门定期沟通和交流，发挥职能作用，密切协作，促进学校国防教育和学生军训工作高质量的开展；狠抓军事理论教师培训，5 年来累计培训了军事理论教师 600 余人；积极推进中小学国防教育工作，省教育厅先后在抚顺市和辽阳市召开了辽宁省中小学国防教育工作经验交流及表彰会议，表彰国防教育先进县区、先进学校和先进教师，交流了全省中小学校国防教育工作经验，观摩了抚顺市、辽阳市的国防教育成果展示，推进了全省中小学校国防教育工作的发展。

七是认真贯彻落实国家决策部署。2020 年 10 月，辽宁省在认真贯彻《中共中央、国务院关于加强青少年体育增强青少年体质的意见》和《国务院办公厅关于全面加强和改进学校美育工作的意见》精神基础上，按照中共中央办公厅、国务院办公厅印发的《关于全面加强和改进新时代学校体育工作的意见》《关于全面加强和改进新时代学校美育工作的意见》要求，由省委办公厅和省政府办公厅印发了《辽宁省全面加强和改进新时代学校体育工作若干措施》和《辽宁省全面加强和改进新时代学校美育工作的若干措施》，深入落实党中央决策部署，全面贯彻党的教育方针，坚持社会主义办学方向，落实立德树人根本任务，从开齐开足上好体育美育课程、加强体育美育课程体系建设、深化体育美育教学改革、保障学生体育活动时间丰富艺术实践活动、健全体育竞赛和艺术展演机制、改善体育美育场地器材建设配备、加强体育美育教师队伍建设、统筹整合社会资源、推进体育美育评价改革、加强领导和保障等 10 个方面，提出了具体措施。

四、加强心理健康教育，促进其与德育相融合

"十三五"期间，辽宁省积极开展心理健康教育工作，促进其与德育相融合。辽宁省教育厅制发了《关于进一步加强中小学心理健康教育工作的指导意见（试行）》等文件，保障心理健康教育工作有效开展。每年都组织心理健康教育教师进行相关培训，提高教师心理健康教育意识，丰富心理健康教育知识，提升心理危机干预工作技能。开展一系列心理健康教育评比活动，如中小学心理健康教育特色学校的评选、中小学心理剧的展评等，为心理健康教育工作树立典型，引领示范。积极加强心理健康课程建设，大部分学校特别是初、高中已将心理健康课程列入课表，很多学校通过校园心理剧、团体辅导、班会、专家讲座、校园文化活动等多种形式进行心理健康教育。加强心理健康教育的社会合作，通过家长委员会、家长学校，定期举办家长讲座，向家长普及心理健康教育知识，促进学校与家长、家长与学生的沟通和交流，协商解决学生心理问题。"停课不停学"，研发优质线上课程资源。心理健康教育将课程主题作为教研主题，以新冠肺炎疫情不同发展阶段学生的心理发展变化为主线，将教研活动前置，从每节课课程设计开始就共同在线备课、研课、磨课，推出精品课程。

五、坚持"五育并举"，全力打造辽宁劳动教育新生态

习近平总书记提出新时代要"培养德智体美劳全面发展的社会主义建设者和接班人"，并特别强调劳动教育对一个人的发展极其重要，是一个人得以发展的基础，对学生的全面发展具有重大意义，指出"要在学生中弘扬劳动精神，教育引导学生崇尚劳动、尊重劳动，懂得劳动最光荣、劳动最崇高、劳动最伟大、劳动最美丽的道理，长大后能够辛勤劳动、诚实劳动、创造性劳动"。习近平总书记把劳动教育纳入社会主义建设者和接班人的要求之中，这是党的教育理论的重大创新。辽宁省委、省政府结合实际，坚持问题导向，坚持实事求是，坚持教育与生产劳动、社会实践相结合，坚持传承弘扬劳动精神、劳模精神、工匠精神，把劳动教育纳入人才培养全过程，贯通大中小学各学段，贯穿家庭、学校、社会各方面。

一是全面构建劳动教育体系。辽宁省主动适应贯彻新发展理念、构建新发展格局、推动高质量发展对提升人才培养质量的要求，积极探索具有中国特色、辽宁特点的劳动教育新模式、新方法。省委办公厅、省政府办公厅印发了《辽宁省全面加强新时代大中小学劳动教育若干措施》，在课程设置、教育内容、评价制度等方面推出系列举措，整体设计全省大中小学劳动教育内容，规划全省学生实践基地资源图谱。省教育厅积极引导全省教育系统拓宽大中小学劳动教育的有效路径，发挥学校主导作用，发挥家庭基础作用，发挥社会支持作用。全省整合社会资源，积极探索建立协同推进劳动教育的工作模式，丰富实践载体，成立省级教研核心团队，承办劳动教育"国培计划"示范性综合改革项目，推动辽宁省劳动教育实践成果走向全国。积极培育劳动教育典型学校，培养劳动教育典型校长、先进教师，建设劳动教育基地，在全省范围内召开多次劳动教育培训会议，涌现出一批各有特色的劳动教育示范学校和实践基地。为推进新时代全省中小学劳动教育教学工作，积极探索推进劳动教育的典型经验、做法，组织和评选了第一批辽宁省中小学劳动教育优

秀案例。将劳动素养纳入学生综合素质评价体系，省教育厅起草了《辽宁省初中学业水平考试劳动课程考试方案（试行）》，将劳动教育纳入初中学业水平考试范围，推动全省中小学劳动教育高质量发展。

二是全省各地各校积极探索，总结经验、凝练成果。各地教育部门积极拓展劳动教育实践场所，建设校外社会实践基地，发挥社会在劳动教育中的支持作用，构建学校、家庭、社会"三位一体"的工作体系，积极开展主题鲜明、内容丰富、形式多样的实践活动，广泛开展"爱学习、爱劳动、爱祖国；节水、节电、节粮"主题教育活动，不断增强中小学生实践能力和劳动素养，产生了良好效果。大连市甘井子区注重劳动实践，建立基地、学校、家庭、社会"四位一体"评价体系。辽宁省实验学校拓宽教育路径，将学校、家庭、社会劳动教育有机融合在一起。铁岭开原市民主教育集团建立"学生家务劳动清单、开展劳动实践月"等家校联动机制，让家庭劳动成为生活常态。沈阳市沈河区二经二校开展"今天我当家"活动，由家长完成学生劳动评价记录，转变了家长重成绩、轻劳动的教育观念，孩子在日常生活中学会基本生活技能，自理能力不断提高。大连市第十一中学，从幸福生活、职业担当、服务奉献三个维度，构建学校劳动教育课程体系。为提高劳动教育的实施效果，辽宁省县区教育部门因地制宜，积极探索，设计不同的劳动教育内容。丹东市振安区采用线上线下结合的方式，让每个孩子都能参与进来。盘锦市大洼区依托当地特有的石油石化产业基地、现代农业基地等社会资源，使"学校＋基地＋家庭"合力充分发挥。沈阳市沈河区立足区域，充分发挥家庭在劳动教育中的基础作用。为让劳动教育有趣有味，各地各校纷纷设计特色劳动课程。沈阳市苏家屯区陈相九年一贯制学校生活农场划分出果树种植、蔬菜种植、水产品养殖、动物养殖等区域，学生通过亲手种植、修整、采摘、收获等劳动实践，提升劳动技能，体验收获的喜悦。大连市甘井子区、丹东振安区、沈阳沈河区被评为"全国中小学劳动教育实验区"。

第三节

课程改革和实施素质教育的问题与不足

课程改革是学习方式和教学方式的转变，改变课程过于注重知识传授的倾向，强调形成积极主动的学习态度，使获得知识与技能的过程成为学会学习和形成正确价值观的过程。是由传统学习方式的"被动性、依赖性、统一性、虚拟性、认同性"向现代学习方式的"主动性、独立性、独特性、体验性与问题性"转变的过程。课程改革的根本任务是全面贯彻党的教育方针，调整和改革基础教育的课程体系、结构、内容，构建符合素质教育要求的新的基础教育课程体系。新课程改革的核心理念是一切为了学生的发展，保证我们的下一代能够在未来社会生存与发展。新课程的培养目标应体现时代要求，全面贯彻党的教育方针，全面推进素质教育。

一、课程改革和素质教育很难摆脱应试教育的框架

从目前中小学实施课程改革和推进素质教育的现状来看，由于受传统观念的影响很深，大部分教育行政部门对一所学校和一个班级优劣的衡量标准仍然是按照其升入上一级学校，特别是升入重点学校人数的多少来评价，所以从学校领导到教师，实际上都是以应试为教学目的。有的学校仍然依靠单纯的课堂教学去完成对学生进行素质教育的任务，而且在课堂教学中过多地强化升学应试学科。即使是有的学校想落实素质教育的目标，可是家长对学校实施素质教育缺乏应有的理解，仍然自己请家教，强化应试学科，将学生局限于教材的范围之内。部分家长认为素质教育与考试是对立关系，要推行素质教育就要取消考试。素质教育不是不需要知识教育，也不是不要考试，而是要改革现有考试制度，不

能用考试这一种模式去束缚学生。如果简单地将素质教育和应试教育对立起来，反而会造成学生对学业的忽视，甚至会造成教师在具体操作时无所适从，使以往行之有效的方法和手段受到排斥与否定。

二、课程改革和素质教育理念贯彻实施不到位

教师的教育教学观念对教学工作起着统帅作用，并直接影响着新课程的推进和实施效果。现实中仍有相当一部分教师对新课程所倡导的理念缺乏正确的认识，认为新课程改革只不过是国家又换了一套教材而已，很多教师对教学中如何贯彻新课程理念感到茫然。有些教师"旧瓶装新酒"，自觉不自觉地把新课程装进了"应试教育"的"笼子"里，使新课改的效果大打折扣。有些学校把开展各种各样的课外活动和少数学生的文艺表演看成是"素质教育"的主要形式，认为活动数量越多，素质教育就抓得越深。有的教师教学方法过于强调学习的探索性，学习活动占用了太多的课时，而学生探索活动的结果又往往不太理想。还有些地区过于强调减负，过度降低教材的深度和减少作业的数量，导致学生的文化科学素养降低，最终影响其他素质的发展。

三、德育重视程度不够

当前，辽宁省地区间、城乡间、校际间的德育环境、队伍建设、保障水平仍然不平衡，一些学校、教师对德育工作重视不够，对德育过程的生活性、活动性、情感性、生成性缺乏正确的认识，德育实践存在不同程度的短期功利行为，形式化现象仍然存在，重"认知"，轻"养成"，德育的针对性、实效性不够。大多数家长重智育轻德育，家庭教育与学校教育脱节。各市德育教研团队年龄结构不合理,整体年龄偏大,各市、县、区老教研员由于身体、心理、职业发展等各方面原因，职业倦怠情况突显，教研工作不主动，缺乏创造力和活力。

四、体育艺术教育发展不平衡

一是部分县区对学校体育艺术教育的投入不足，体育艺术器材设施相对落后，且缺乏制度性维护更新保障机制。由于地域和历史的原因，各地学校体育艺术的发展参差不齐，主要表现在师资、场地设施和经费方面，经济发达地区在这方面的投入要好于经济欠发达地区。

二是学校体育艺术教育体制不够完善。部分地区、学校管理者对体育艺术教育工作认识还不够，缺乏管理，特别是在一部分初、高中，随意挤占或挪用体育艺术课、体育艺术专业教室等现象仍屡见不鲜。国家、地方以及学校没有形成一个有机配合的整体来管理、指导、监督学校体育艺术教育。有的学校片面追求升学率，重智育轻体育艺术的倾向突出；有的学校随意更改教学计划，任意缩减体育艺术教学课时；有的学校课程表上安排的体育艺术课时得不到保证，经常被挪作他用，或是用于补语、数、英主科课程，或是用来开会，排练节目等；有的学校毕业年级干脆取消体育音乐课，学生锻炼和活动的时间无法得到保证。

三是体育艺术师资短缺状况仍未得到根本改善。体育艺术教师的质量和数量呈现不平衡的状态，部分学校的体育艺术教师是由其他学科的教师兼任，这种现象在边远贫困地区和农村地区尤其严重，影响着学校体育艺术教育的发展，也影响素质教育的全面推进。近几年来，青年教师逐年增加，但教师的思想道德和业务素质还不能达到相应的水平，一些青年体育艺术教师在社会上从事第二职业，对待学校的工作往往是课时无保证，课程无进度，教学无计划，体育艺术课处于"放羊"状态。

五、考试评价制度改革还需深入推进

一是以市为主的中考命题面临新的挑战。命题的组织机构与研究队伍能力有限，对国家考试制度改革的趋势研究不足，中考命题质量有待提高，命题经费负担较重，管理困难较大。

二是学业水平考试没得到充分的重视。对学业水平考试性质、任务、功能的理解还应进一步加强，对学业水平考试结果分析、运用不够。

三是学业水平考试与学校学分认定的关系不清。在"应试教育"驱动下，地方学校囿于高考升学压力，对学生修习模块的学分认定诚信度往往不高，弄虚作假的现象时有发生。

四是综合素质评价记录的真实有效性需要进一步提升。结果的利用还不够充分，在记录和评价过程中，教师负担、信息化管理平台建设等问题需要进一步研究和解决。

六、中小学劳动教育工作面临许多新情况、新问题

一是部分地区教育行政干部、学校课程管理者对新时代劳动教育的理解存在偏差。国家层面为新时代加强劳动教育做了顶层设计和全面部署，但部分管理者对劳动教育理解侧重在与劳动教育有关的知识、技能、方法等，而忽视正确劳动价值观、劳动精神、劳动思维等更深层次素养的培养。这样的理解势必导致"有劳动无教育"的现象，难以使学生养成终身热爱劳动、尊重劳动的良好品质。

二是现有劳动教育师资不足，专业化水平不高。部分教师还没有真正理解新时代加强劳动教育的意义和课程价值内涵及实施劳动教育重点，误以为劳动教育就是简单的卫生清洁，不清楚新时代劳动教育四大目标之间关系，不清楚有效实施路径及有效开展劳动周的评价方法，劳动教育方式缺乏创新。有的教师在给学生灌输热爱劳动思想的同时，却又把劳动作为惩罚做错事学生的方式，污名化劳动教育，影响学生正确劳动价值观的形成。

三是劳动教育实践资源严重不足。当前，劳动教育的经费投入有限，大多数学校劳动教育的场所限于操场、教学楼、室外劳动分担区等，不能为学生提供实施劳动教育所需的基本设备，设有专用劳动课教室及配备基本劳动教育工具的学校很少。现有的劳动实践基地、校外劳动教育活动场所、实训场所的开放性不够，学校、家庭、社会协同开展劳动教育机制不健全。大部分县区相关设施建设、经费投入、软件建设等方面存在明显缺失，资源使用也存在不足。

四是从学校实践看，劳动教育有效实施比较薄弱。学校统筹力度不足，许多学校未将"劳动实践"纳入学校常规工作予以统筹安排。劳动教育内容碎片化，一些实践活动（比如生产劳动、家务劳动、公益劳动、义务劳动、主题劳动）乃至学科教学中的动手操作被学校简单纳入了劳动教育的范畴。学校劳动教育课程缺少一体化的课程标准和教材。相关的劳动教育保障体系、配套运行机制的建设存在欠缺。劳动教育教学实施中存在"窄化、泛化"现象。

第四节
深化课程改革和全面
实施素质教育的任务与举措

党的十九大报告明确强调要发展素质教育，党中央国务院和省委省政府也将进一步深化课程改革和全面实施素质教育作为推动现代化建设进程中教育事业发展的重要战略，进行了全面部署。基础教育进入高质量发展的新时代，要坚持"五育并举"，着力构建全面发展素质教育的新格局。要坚持"德育为先、全面发展、面向全体、知行合一"，强化育人理念，构建德智体美劳全面培养"五育"并举的教育体系，强化德育、体育、美育和劳动教育的育人功能，特别是把劳动教育的短板补起来。强化教育主阵地、主渠道的课堂变革，创新教育教学方式，变单纯的满堂灌填鸭式教育为启发式、互动式、探究式，让学生在学校的课堂上学得活一点儿，实效大一点儿。强化评价"指挥棒""牛鼻子"的导向作用，把推进素质教育的"指挥棒"调好，把"牛鼻子"牵住，克服"唯分数、唯升学"的功利化倾向，为学生想得远一点儿。强化组织保障，明确各级党委政府在发展义务教育、发展素质教育方面的责任，加强党的全面领导，担负起政府发展素质教育的主体责任，统筹教研力量，校长、教师，一起教书育人；统筹管理力量，各有关部门各尽其责；统筹社会资源，家庭和学校协同育人。

一、加强和改进德育工作，培育和践行社会主义核心价值观

坚持德育为先，立德树人，把德育贯穿到教书育人的各个环节。针对不同年级学生特点，构建德育序列化课程，培育和践行社会主义核心价值观，注重德育方法的多样化、个性化和有效性，实现目标、内容、实施、评价的序列化，使德育目标循序渐进、螺旋上升。组织学生开展丰富多彩的课外活动和社会实践活动，全方位推动青少年法制教育，完善学校、家庭、社会合力育人机制，构建"三位一体"的未成年人思想道德教育体系。进一步提升教师德育素养，努力解决地区间、城乡间、学校间德育环境、队伍建设、保障条件等方面的差距。

二、深化中小学课程教学改革，全面提升教育质量

统筹课程、培训、教学、评价等环节的改革，加快完善基础教育课程改革配套政策体系，开发有效指导课堂教学的教学标准，指导地方的课程改革实践，为学校和教师提供行动指南。保障学校课程实施的自主权，创造有利于教师个性化教学、学生自主化学习的环境氛围，鼓励学校在遵循学生年龄特点和学习规律基础上，创新教学模式，构建高效课堂，提高教育质量，减轻学生过重的课业负担，促进学生快乐学习和成长。

三、改革教师培训模式和方法，提升教师的专业化水平

根据学校和教师的需求，采取多种方式深入开展课程改革的政策、理论学习和业务培训，不断提高实践者对课程改革的理性认识，让教师能够了解课标制定者、教材编写者的意图，理解教材编写的特点、体例，掌握教材的内容，提升教师的专业化水平和教育教学能力。充分发挥教科研专业团队作用，以问题为导向，开展专题实践研究，为学校和教师提供专业服务和指导。

四、深化基础教育评价制度改革，完善课程教学质量监测评估机制

建立体现素质教育要求、以学生发展为核心、科学多元的中小学教育质量评价制度，切实扭转单纯以学生学业考试成绩和学校升学率评价中小学教育质量的倾向。推进中小学教育质量综合评价改革，建立和实施贯穿于整个义务教育阶段的学生综合素质评价制度，积极推进初中毕业升学考试和高中招生制度改革。严格控制区域性统一测试，规范校内考试评价。建立基础教育课程改革实施监控体系，逐步实现教育督导工作重心的转移，从对基础教育事业发展方面的督导转向对教育质量的监测和评估。定期对不同学段、不同科目、不同区域的教育教学质量进行督导检查，对学生的学业成就进行抽样测试，评估达标程度，并基于影响因素分析进行干预，提高教育教学质量。

五、继续加强体育艺术教育，促进学生全面而有个性的发展

充分认识体育艺术教育工作的独特价值功能，把"健康第一""提高学生审美与人文素养"落实到素质教育全过程。加强中小学体育艺术学科教师队伍建设，通过开展各级各类培训和校本教研，提高队伍的专业知识技能及综合素养。进一步加强与改进体育艺术学科教学，实现情感态度价值观、知识与技能、过程与方法的三维教学目标。将体育艺术特色学校实现中小对接，使其连续发展。不断丰富和创新课外艺术活动内容与形式，发展学生体育艺术特长，提高活动实效。制定《辽宁省中小学体育艺术学科学生综合素质评价标准》，进一步完善体育艺术教育教学的评价机制。

六、深化中、高考制度改革，引导素质教育全面落实

加强对全省中考改革的领导与指导，结合辽宁省各市自主命题方面存在的主要问题，及时解决一些市在命题经费、命题队伍、命题质量等方面的困难和问题，在肯定、保护各市自主命题积极性的同时，探索实

施全省统一考纲，省级命题与市级自主命题相结合的办法，建立全省考纲发布与试题评析制度，通过发布年度中考试题评估报告，监测、反馈全省初中阶段教育教学情况，促进初、高中教育有效衔接。进一步深化高考与招生制度改革，改进综合素质评价管理平台，指导各地积极开展综合素质评价，把学业水平考试与综合素质评价相结合，作为毕业升学的重要依据，强化对综合素质评价结果的有效利用，引导学校课程改革和全面实施素质教育，促进学生全面发展。

七、科学谋划，奋力开拓劳动教育新局面

习近平总书记在全国教育大会上对劳动教育的极端重要性讲得非常清楚，关键是如何落实、如何落地的问题。全省各地各校要按照国家和省出台的文件要求，落实落细，发挥劳动教育综合育人功能。

一是发挥好教育行政部门统筹协调作用。各级教育行政部门要加强劳动教育工作的统筹协调，把劳动教育摆上重要议事日程，出台相关政策措施，切实解决劳动教育实施过程中的重大问题，做好督促落实，推动建立全面实施劳动教育的长效机制。把劳动教育纳入教育督导体系，完善督导办法，对地方各级政府和有关部门保障劳动教育情况以及学校组织实施劳动教育情况进行督导，同时作为衡量区域教育质量和水平的重要指标，作为对被督导部门和学校及其主要负责人考核奖惩的依据。开展劳动教育质量监测，强化反馈和指导作用。

二是发挥好教科研部门的研究指导作用。重视劳动教育的教科研工作，发挥教科研对促进教师专业发展、提高劳动教育质量的重要支撑作用。进一步完善省、市、县和学校四级教研体系，特别是要重点加强市、县两级教研机构建设和校本教研工作，着力强腰壮骨、固本培基。教研员要坚持一线规则，主动深入学校、走进课堂，围绕一线教学认真开展研究，切实帮助学校解决劳动教育中遇到的实际问题。

三是发挥好学校的主阵地作用。学校要切实承担劳动教育主体责任，明确实施机构和人员，开齐开足劳动教育课程，不得挤占、挪用劳动实

践时间。明确学校劳动教育要求，着重引导学生形成马克思主义劳动观，系统学习掌握必要的劳动技能。根据学生身体发育情况，科学设计课内外劳动项目，采取灵活多样形式，激发学生劳动的内在需求和动力。增加劳动实践活动的课时比例，真正做到动手实践、出力流汗、接受锻炼、磨炼意志，提高劳动教育课程的实效性。

四是发挥好家庭的基础作用。引导家长树立正确的劳动观和成才观，注重抓住衣食住行等日常生活中的劳动实践机会，鼓励孩子自觉参与、自己动手，随时随地、坚持不懈进行劳动，掌握洗衣做饭等必要的家务劳动技能。家庭要树立崇尚劳动的良好家风，家长要通过日常生活的言传身教、潜移默化，让孩子养成从小爱劳动的好习惯。鼓励学校（家委会）和社区等组织开展学生生活技能展示活动。鼓励孩子利用节假日参加各种社会劳动。

五是发挥好社会的支持作用。充分利用社会各方面资源，为劳动教育提供必要保障。积极协调和引导企业公司、工厂、农场等组织履行社会责任，开放实践场所，支持学校组织学生参加力所能及的生产劳动、参与新型服务性劳动，使学生与普通劳动者一起经历劳动过程。鼓励高新企业为学生体验现代科技条件下劳动实践新形态、新方式提供支持。工会、共青团、妇联等群团组织以及各类公益基金会、社会福利组织要组织动员相关力量，搭建活动平台，共同支持学生深入城乡社区、福利院和公共场所等参加志愿服务，开展公益劳动，参与社区治理。

第七章
规范办学和"双减"工作取得显著成效

为深入贯彻落实《国家中长期教育改革和发展规划纲要（2010—2020年）》和《辽宁省中长期教育改革和发展规划纲要（2010—2020年）》中提出的"切实减轻中小学生课业负担"的目标和要求，以及《辽宁省教育厅关于进一步规范义务教育阶段学校办学行为的意见》，辽宁省从国家发展和民族进步的高度出发，以全面落实党的教育方针、深入实施素质教育为根本，充分认识规范义务教育阶段学校办学行为、切实减轻中小学生过重课业负担的现实意义和长远意义，遵循教育规律，以学生发展为本，保障每一位学生健康快乐成长，全面发展。

第一节
规范办学和"双减"工作取得的成效

规范办学行为是关注民生、维护公平、促进社会和谐、深入推进教育事业改革与发展的必然要求，是全面贯彻党和国家教育方针、办人民群众满意教育的现实需要，是不断提高学校的办学水平、办学质量和办学品位的迫切需求，更是治理当前部分地区和学校违背教育规律、办学行为不规范现象，突破制约全省基础教育全面协调、可持续发展"瓶颈"的必由之路。进一步规范中小学办学行为，减轻学生过重课业负担，事关学生的健康快乐成长，事关创新型人才培养、建设富庶文明幸福新辽宁建设的大局。以规范中小学办学行为、减轻学生过重的课业负担为突破口，大力推进素质教育，已成为辽宁基础教育实现全面协调可持续发展的一项重要而紧迫的任务。

一、规范办学行为成效显著

一是规范办学工作机制逐步常态化。2019 年 3 月，省教育厅等九部门专门成立了省规范中小学办学行为工作领导小组和省规范中小学办学行为管理办公室（以下简称"省规范办"）。省教育厅建立了厅级领导和处室负责人责任制，设立了举报电话、公开信箱，完善了违纪举报和申诉受理机制，建立了常态化的工作机制。

二是校外培训机构治理长效机制基本建立。严格审批审核制度，坚持"谁审批谁监管"的原则，深入开展专项治理行动，坚决治理违背教育规律和青少年成长规律的行为，依法维护学生权益。开展常态化联合执法，落实"黑白名单"制度，坚决查处校外机构违规补课行为，构建校外培训机构规范有序发展的长效机制。

三是招生行为持续规范。2019 年，省教育厅专门出台了《关于加强中小学招生入学管理工作的实施意见》，严格落实义务教育学校免试就近入学政策，坚决杜绝擅自提前招生、跨学区招生、违规招收"借读生""择校生"。民办学校招生纳入审批地统一管理，与公办学校同步招生，从2020 年起开始对报名人数超过招生计划的民办学校，一律实行电脑随机录取。将规范民办普通高中管理纳入对各市的绩效考核，公办和民办普通高中实行统一的办学标准，省里统一公布招生计划，统一发布办学行为报告。

四是"择校热"问题得到彻底根治。辽宁省把解决"择校热"问题列入省委 2018 年重点工作，写进政府工作报告，作为辽宁"重实干、强执行、抓落实"专项行动督办的一项重要工作。省教育厅专门下发《关于进一步加强普通中小学择校问题治理工作的通知》，要求各地各学校高度重视，把解决"择校热"问题作为加强教育治理、推进教育公平的重要基础性工作，认真研究，强化落实，取得成效。2019 年，全省基础教育学校实现了"零择校"的突破。

二、中小学生过重课业负担得到缓解

一是教师教育教学行为得到有效规范。坚决查处中小学在职教师违规有偿补课行为，坚决整治中小学校不遵守教学计划、"非零起点教学"等行为，尤其是对中小学教师"课上不讲课后讲"、直接或间接参与校外培训机构培训等行为严查处、"零容忍"。在教师评先选优、职务晋升等工作中实行师德表现一票否决。2017 年，省委省政府出台《关于规范中小学校办学行为和教师教育教学行为的意见》。2019 年，辽宁省教育厅制定《规范中小学在职教师补课行为"八不准"》，集中曝光并处理了一批违规补课行为，在全社会产生了强烈反响并形成强大的震慑力量，切实回应了广大人民群众的热切期盼。2019 年，为对校外培训机构进行严格管理，根据教育部下发的《关于切实减轻中小学生课外负担开展校外培训机构突出问题专项治理行动的通知》等文件，辽宁省统筹部署 10 项重点工作任务，加快构建长效机制，不断完善保障措施，坚持综合施策、标本兼治，坚决扭转中小学生课外负担加重趋势，维护了教育系统风清气正的教育生态，学生减负工作取得初步成效，人民满意度不断提升。

二是课堂教学改革不断深化。全省中小学结合学情、教情实际，围绕新课改理念，以生为本，全员推进学科课程、活动课程和特色课程建设，课程结构不断丰富完善。各学校全面落实省教育厅课改"学科实践活动不少于 10% 的课时"要求，激发学生的学习兴趣和过程体验，提升学生综合解决问题的能力。课堂教学改革不断深化。各地各学校强化课堂主阵地作用，遵循教育教学规律，优化教学内容与方式，坚持教学相长，注重启发式、互动式、探究式教学，引导学生主动思考、积极提问、自主探究，提高课堂教学质量。定期开展聚焦课堂教学质量的主题活动，推广优秀教学模式、教学案例。

三是课后延时服务工作全面推进。为满足学生课后在校学习和活动需要，省教育厅下发了《关于切实做好中小学生课后服务工作的通知》，设定中小学生课后服务收费标准上限为每生每月 200 元。积极推动通过"政府购买服务""财政补贴"等形式，全面推行中小学生课后服务工作。推动各中小学校坚持学生与家长自愿的原则，实行弹性放学，提供必要的灵活多样的学生课后服务。充分利用学校体音美、科学设施和场所，为学生提供自习、发展特长、开展社团和兴趣小组活动的空间。强化学校管理，从师资、内容、费用、安全等方面建立完善的服务管理制度和安全保障制度，确保把好事办好，让家长放心。提倡在开展课后服务的过程中，由学校安排教师或教师主动对个别学习有困难的学生给予免费辅导帮助，坚决防止将课后服务变相成为集体教学或"补课"。

三、"双减"工作深入推进

"双减"工作是党中央、国务院从实现中华民族伟大复兴的高度，从国之大计、党之大计的角度作出的重大决策部署，省委省政府高度重视此项工作。

一是出组织领导和政策保障全面到位。省委省政府主要领导亲自部署，成立工作专班，抽调精干人员，推进落实。省教育厅起草《辽宁省贯彻落实〈关于进一步减轻义务教育阶段学生作业负担和校外培训负担的意见〉工作方案》《辽宁省进一步减轻义务教育阶段学生作业负担和校外培训负担专项督查工作方案》《辽宁省校外机构预收费资金监管工作指引（试行）》《中小学校外培训机构学科类和非学科类项目鉴别指引（试行）》等文件，为推进"双减"工作提供了政策保障。

二是"双减"工作阶段性成效显现。省教育厅会同省民政厅等 12 个部门成立 7 个"双减"工作督查组，每个督查组自 2021 年 8 月份开始每周一次分别对两个市进行督查，深入全省 14 个市的县（市）区、学校、培训机构座谈访谈、明察暗访，截至 2021 年底，已对 57 个县区的 73 所学校、351 个校外培训机构进行了督导检查，及时指出存在问题并指导整改，不断推广各地工作经验，有效推进了"双减"工作的深入开展。全省"双减"工作取得阶段性成效，义务教育阶段作业时间控制达标学校、服务时间达标学校、开展课后服务学校等主要指标都达到了100%，参与课后服务学生256万余人，所有县区全部建立课后服务经费保障机制。累计取缔无证无照"黑机构"2354个，压减学科类校外培训机构612个，查处违规广告4530起，查处在职中小学教师违规有偿补课43人。教育部对辽宁省"双减"工作给予充分肯定，相关典型经验也在全国进行了推广。

第二节

规范办学行为和"双减"工作存在的问题与不足

随着规范办学行为和"双减"工作不断深入，一些深层次的矛盾和问题逐渐显现。一方面，由于文化传统、经济发展、社会结构、用人制度及教育观念、人才培养体制等原因，我国基础教育重选拔、轻培养的倾向比较突出，再加上城乡间、校际间教育资源配置仍然存在不均衡，特别是教师资源配置不均衡，地方政府和学校片面追求升学率，学生及家长过分注重升学，择校、择班、补课乱收费等社会热点问题仍然存在。另一方面，在规范办学行为和"双减"政策实施之后，学生拥有较多自我调控的时间，如何引导学生自主学习、如何发挥课后服务的育人价值等则成为新的问题。

一、在职教师有偿补课问题仍然存在

公办学校集体有偿补课得到有效遏制，但是个别在职教师有偿补课现象依然存在。很多家长的教育观念存在误区，学校不组织补课了，家长反倒不安起来，担心孩子不补课成绩就会下降，因此将目光转向了校

外补习机构，这也给在职教师有偿补课创造了条件。个别教师诱导、暗示学生参加有偿补课或参与培训机构有偿补课。

二、经营服务性收费问题成为群众反映的新热点

学校收费行为进一步规范，教育乱收费的突出问题得到了有效遏制，但经营服务性收费等"变脸"式教育乱收费问题仍然在一定程度上存在。主要表现为学校或教师利用餐饮服务乱收费，如强制学生在校就餐，向学生收取热水费；利用学校管理乱收费，如强制收取看护费、除雪费，收取校服费、印刷费，强制学生使用校讯通、电信手机，办理校园一卡通等；组织文体活动乱收费，如强制收取体检费、学习实践费、军训费、照相费、演出服装费等；强制购买保险乱收费，强制学生参加保险，学校参与商业保险费用收取等。

三、社会力量办学监管不力问题逐渐凸显

辽宁省大力落实规范办学和学生减负以来，社会力量办学大量涌现，社会力量办学能够给民众提供选择性教育，但一部分社会力量办学内部管理较为混乱，民办教育培训机构良莠不齐，鱼龙混杂，甚至一些办学机构不具备办学资格。主要表现在有些办学机构（主要是农村幼儿园）无证收费，难以达到有效监管；民办教育工作的一些政策未落实到位，民办教育管理工作量大、责任大，极易造成负面影响；个别学校存在违规办学行为，诚信不够。

四、学生课外时间管理成为新问题

由于规范办学行为对学生在校时间、作业量都有明确规定，学生作业量都明显减少，一些学生不会有效利用大量自主的时间，无所事事。一部分学生失去教师的监控，看电视或者去网吧上网，有的学生则漫无目的闲逛而沾染上不良的社会恶习。有的家长由于工作繁忙，没有时间照顾孩子，离校后孩子无人看管。农村留守儿童的假期管理也是一个需

要关注的问题。如何引导学生科学有效地利用课外时间，为学生提供丰富的活动场所和内容，成为需要破解的新问题。

五、"双减"工作还没有达成广泛共识

"双减"工作的顶层设计还不够，系统推进还不足，全社会对"双减"工作的认识还没有达成高度共识。一是部分学校和教师还没有把"双减"工作与学校教育教学改革、学校内涵建设和高质量发展工作完全对接。部分学校和教师认为"双减"减了校外培训量，增加了自身工作量，学校工作负担重了，对落实"双减"工作的责任感、使命感有所下降。有的学校教育教学质量提升不明显，在发挥学校教育主阵地作用、在校内"三提高"上下功夫、求实效做得不够。有的学校课后服务质量不高，形式不够丰富，对学生吸引力不强，存在"应付"心理。二是部分地区的教育行政部门，没有大局意识，忽视管理。从培训机构监管情况看，相关部门职责尚未完全厘清，联动机制没有形成最大合力。有的地方查处力量不足、力度不大、频率不高，存在监管"死角"，节假日违规补课现象时有发生。对部分线下培训机构通过直播平台进行培训，或更换"马甲"违规开展补课的行为，缺乏有效的应对手段。部分地区对校外培训机构的资金监管不到位，对运营困难、存在"爆雷"风险的机构，畏手畏脚，不会管、不敢管。

第三节
规范办学行为和"双减"工作的任务与举措

随着经济社会发展，人民群众对优质公平教育服务的期望越来越高，教育诉求更加多元化，热点、难点问题凸显。规范办学行为和"双减"工作已进入攻坚阶段，尤其是校外培训机构治理已进入深水区，将触及

更多实质性、深层次的问题。规范办学行为、减轻学生课业负担是一项长期而艰巨的任务，辽宁省经过近几年的探索实践取得了显著成效，但是一些深层次矛盾依然存在，未来的工作中仍需进一步打造规范、有序的良好教育教学环境，使学生快乐健康成长。

一、努力打造规范办学的良好环境

（一）加强领导和协同，建立规范办学长效管理机制

各级政府要高度重视规范办学行为工作，进一步建立健全规章制度，完善政府统一领导、有关部门共同参与的治理教育乱收费工作机制，提升对规范办学行为的管理力度。继续发挥纠风监察、物价、审计、财政和新闻出版等治理教育乱收费联席会议成员单位的职能作用，组织协调联席会议成员单位各司其职，协作联动，联合督导检查评估，形成工作合力。深入推进行风评议工作，配合纠风监察部门开展专项整治，重点查处一批典型案例，形成以查处促规范的工作机制。进一步推动各地开展纠风工作先进单位、规范教育收费示范县、示范学校的评比表彰活动，营造治理工作的良好氛围。

（二）强化监管执行力，建立课业负担监督保障机制

进一步完善教育行政问责、考核机制，对教育政策执行过程进行有效监督控制，确保政策措施得到真正的贯彻执行，在政策执行结束后还要对执行效果进行科学、系统、有效的评估，全面提高教育政策执行效率。建立学生课业负担监测与公告制度，进一步准确了解学生课业负担的具体状况，对学生的课业负担情况进行分析、研究，及时反馈，及时调整。监测学生课业负担动态信息，通过定期数据采集，形成学生纵向发展趋势的分析，预测其走向并发布公告，为政府及相关部门出台有针对性的决策、措施提供依据，使义务教育课业负担监测长效化。

（三）调动多方力量，构建家庭、学校、社会联动机制

充分调动家庭、学校、社会的力量，形成多层次、全方位、一体化的规范办学格局。学校在不同的教育阶段指导和协调家长、社区教育工作，

引导家长确立正确的成才观，提高家庭教育的水平和能力，使各教育因素在学校的统领下形成合力，达到共同减轻学生学业负担和心理负担的目的，促进学生健康成长。加强师德师风建设，以多种形式进一步加强规范办学的宣传工作，树立正面典型，让教师成为规范办学行为的主人。加强教师履行职业道德情况的监管和考核，把教师职业道德作为学校办学水平评价的重要内容。采取多种形式开展教师教学能力培训，转变教师教学理念，提升教师的教学水平和业务能力。改革课堂教学方式方法，有意识地培养学生自主学习能力，并对学生的课外活动和校外教育进行指导，发展学生的个性和创造力。

二、进一步加强和推进"双减"工作

"双减"是党中央国务院部署的一项重大改革，是全面贯彻党的教育方针、落实立德树人根本任务的必然要求，是坚决防止侵害群众利益、有效缓解家长焦虑情绪的重要举措。各地各部门要进一步提高认识，在前一阶段工作基础上，深挖问题，重点推进，确保"双减"工作落实落细。

一是进一步强化思想认识。"双减"开展以来，教育部党组把它作为"一号工程"和国家教育督导"一号工程"。国家部委已经出台了16个配套文件，各地各部门负责同志要带头吃透、把准"双减"政策精神，特别是要把握中央文件的精髓要义和工作要求，加快消化，强化解读，及时精准地将每一项政策、每一条具体措施都落到实处。

二是提升教育教学质量。落实"双减"最重要的是要让学生回归学校、回归课堂，这就要求学校课程必须能让学生"吃好吃饱"。各级各类学校要增强课堂教学的有效性，做到应教尽教、"零起点"教学。要深入开展对学校教育教学的评估检查，督促学校不断提升课堂教学质量，强化作业管理，进一步提升作业的科学性、实效性、针对性。

三是提高课后服务水平。课后服务是减轻中小学生负担的有力支撑，是治理校外培训的关键之举。一段时间以来，部分学校的课后服务开展得有声有色，积累了很多经验，达到了预期效果。各地各学校要互相借鉴，内容要丰富多彩，形式要灵活多样，尽最大努力满足学生需求。要充分保障教师权益，给予教师一定待遇，鼓励引导教师积极参与。严禁教师利用课后服务对学生进行集体补课、考试等。

四是进一步严格机构监管。校外培训机构监管涉及方方面面，在联合治理上要有新成效。要严格培训材料管理，确保正确的政治方向和价值导向，确保教材内容科学准确，不得超标超前。要严格收费监管，全面实行政府指导价管理，科学制定收费标准，强化信息公开。要强化资金监管，所有学科类培训机构资金必须全面、全额纳入监管，一个不漏，坚决杜绝监管死角，确保培训资金安全。要加强培训机构从业人员管理，严格落实《校外培训机构从业人员管理办法（试行）》要求，明确准入"门槛"。要加快推进"营转非"工作，大力压减机构数，确保所有学科类培训机构都转为非营利机构，不打折扣，全面完成。

五是进一步严查违规培训。各地各部门要将学科类培训隐形变异问题查处工作纳入省、市、县和乡镇（街道）网格化综合治理体系，发挥好社区综合治理功能，严打"换马甲"，严查"黑机构"，严防"灯下黑"。要准确把握变异形态，对以"家政服务""住家教师""直播变录播"，以及化整为零在登记场所之外"一对一""一对多"培训等违规行为，要旗帜鲜明、态度坚决地予以查处，坚决防止隐形变异违规培训行为蔓延。要加强在职中小学教师违规有偿补课查处，抓住一起、曝光一起、处理一起，决不姑息。

六是防范化解风险。要深刻认识"双减"工作的敏感性，在校外培训机构治理上坚持依法依规、稳妥有序原则，避免采取"一刀切"，一停了之、一关了之。针对一些培训机构对政策理解不深、不准确等情况，要一对一耐心地做好解释说明。针对可能出现机构倒闭、劳资纠纷、退费难、卷款跑路等问题，提前做好分析研判，采取预防措施，严防"爆雷"。各地要抓紧完善应急工作预案，管住人、管住钱、管住网，坚决杜绝群体性事件。相关部门要密切协作，主动防范化解风险，维护社会稳定。

附录

2011—2020 年
辽宁基础教育大事记

2011 年 1 月

辽宁省教育厅印发《辽宁省普通高中学生学业水平考试实施方案》（辽教发〔2011〕1 号）。

2011 年 2 月

辽宁省人民政府办公厅转发辽宁省教育厅《关于开展基础教育强县（市、区）建设工作意见》（辽政办发〔2011〕3 号），附《基础教育强县（市、区）建设推进计划》，并以省政府名义召开了全省基础教育强县（市、区）建设工作会议，全面启动了基础教育强县（市、区）建设工作和义务教育均衡发展示范县创建工作。

2011 年 2 月

辽宁省教育厅、辽宁省住房和城乡建设厅、辽宁省发展和改革委员会联合印发《基础教育强县建设配套标准的通知》（辽教发〔2011〕5 号），附 10 项内容：《辽宁省义务教育均衡发展示范县（市、区）建设标准（试行）》《辽宁省义务教育学校办学标准（试行）》《辽宁省普通高中办学标准（试行）》《辽宁省幼儿园办园标准（试行）》《辽宁省县级教师进修学校办学标准（试行）》《辽宁省少数民族学校办学标准（试行）》《辽宁省特殊教育学校办学标准（试行）》《辽宁省中小学教育辅助机构建设标准（试行）》《辽宁省基础教育信息化建设标准（试行）》《辽宁省幼儿园装备规范（试行）》。

2011 年 3 月

为扩大城乡学前教育资源，解决"入园难""入园贵"问题，构建广覆盖、保基本、有质量的学前教育网络，辽宁省开始推进"城市公办幼儿园建设工程""乡镇中心幼儿园建设工程""村村覆盖幼儿园工程"。

2011 年 3 月

辽宁省人民政府办公厅转发省教育厅、省发展改革委、省民政厅、省财政厅、省人力资源社会保障厅、省卫生厅、省编委办、省残联《关于进一步加快特殊教育事业发展的意见》（辽政办发〔2011〕12号），要求加大特殊教育经费投入力度，加强特殊教育教师队伍建设，完善特殊教育体系。

2011 年 4 月

辽宁省教育厅召开全省普通高中课程改革总结表彰大会暨开展省级特色普通高中创建活动启动大会，表彰了全省100个普通高中课程改革先进集体、451名普通高中课程改革先进个人。

2011 年 5 月

辽宁省教育厅印发《关于公布基础教育课程改革教学研究成果评选结果的通知》（辽教办发〔2011〕126号），评选表彰了182项辽宁省基础教育课程改革教学研究成果，其中，一等奖32项，二等奖58项，三等奖92项。经评选报送教育部的12项成果获得教育部奖励。

2011 年 7 月

为创新学前教育发展模式，坚持"政府主导、社会参与、公办民办并举"的学前教育发展思路，辽宁省教育厅在沈阳市召开幼儿园地产连锁推进会，提出支持企业开发幼儿园地产，由品牌幼儿园经营管理，推进"地产＋品牌"的连锁发展模式。

2011 年 8 月和 11 月

辽宁省教育厅分别印发《关于加强特色普通高中建设工作的意见》（辽教发〔2011〕102号）和《关于遴选辽宁省特色普通高中实验学校的通知》（辽教办电〔2011〕209号），全面启动特色高中建设工作，不断提升普通高中办学水平。

2011 年 8 月

辽宁省教育厅等七部门制定并印发《关于2011年治理教育乱收费规范教育收费工作的实施意见》（辽教发〔2011〕80号），全面开展教育乱收费专项治理工作。

2011 年 9 月

为贯彻《教育部关于治理义务教育阶段择校乱收费问题的指导意见》（教基一〔2010〕6号）精神，辽宁省教育厅制定并印发《关于治理义务教育阶段择校乱收费问题的实施意见》（辽教发〔2011〕111号），要求各市教育行政部门将治理义务教育阶段择校乱收费问题列入重要工作日程，有计划、按时限解决义务教育阶段择校乱收费问题。

2011 年 11 月

以辽宁省政府名义在铁岭召开了全省农村初中进县城办学现场会。按照会议要求，2012 年初，省教育厅印发《关于做好 2012 年农村初中进县城办学工作的通知》（辽教发〔2012〕18 号），建立了月报制度，稳步实施农村初中进县城办学试点工作。

2011 年 12 月

辽宁省教育厅、辽宁省财政厅联合印发《关于开展普通高中学生学业水平考试的通知》（辽教发〔2011〕203 号），全面启动了普通高中学生学业水平考试工作。

2011 年 12 月

为贯彻落实《教育部关于深化基础教育课程改革进一步推进素质教育的意见》（教基二〔2010〕3 号）的有关要求，进一步深化中小学课堂教学改革，全面提高教学质量，减轻学生过重的课业负担，辽宁省教育厅印发《关于进一步深化中小学课堂教学改革的指导意见（试行）》（辽教发〔2011〕163 号），提出了构建高效课堂、提高教育教学质量的措施。

2011 年 12 月

辽宁省教育厅印发《关于进一步加强中小学生态环境教育的指导意见（试行）》（辽教发〔2011〕164 号），落实国家和省生态文明建设要求，在中小学校开展生态环境教育。

2011 年 12 月

为培养中小学生创新精神和实践能力，扎实推进素质教育，辽宁省教育厅颁发《关于进一步加强中小学科技教育工作的指导意见（试行）》（辽教发〔2011〕165 号），就进一步加强中小学科技教育工作，促进中小学生创新精神和实践能力的培养，全面推进素质教育等做出了明确要求。

2011 年 12 月

为进一步完善全省家庭经济困难学生资助政策体系，辽宁省财政厅、辽宁省教育厅印发《关于建立学前教育资助制度的意见》（辽财教〔2011〕986 号），提出学前教育资助制度的基本原则、主要目标以及具体内容等。对全省范围内学前三年在园家庭经济困难儿童给予资助，建立以市县政府投入为主的学前教育资助制度，省内外农民工随迁子女按照"以流入地为主"的管理模式，与当地儿童享受同等待遇。

2011 年 12 月

辽宁省教育厅印发《辽宁省"十二五"中小学教师培训规划》（辽教发〔2011〕186 号），明确了"十二五"期间全省中小学教师队伍建设的目标和任务。同时，省教育厅又印发了《关于表彰辽宁省"十一五"基础教育教师干部培训工作先进单位和工作者的决定》（辽教发〔2011〕187 号），对在教师教育培训工作方面做出突出贡献的单位和个人进行了表彰。

2011 年 12 月

辽宁省教育厅印发《关于实施辽宁省中小学教学名师成长计划的通知》（辽教发〔2011〕200 号），努力打造一批教学名师和学科领军人才，带动和推动全省中小学教师队伍水平的整体提升。

2011 年 12 月

辽宁省教育厅印发《辽宁省基础教育技术装备工作"十二五"发展规划》（辽教发〔2011〕201 号），把全省教育技术装备网络化管理平台建设、数字阅读活动的开展、学前教育办学标准和装备建设标准研制等工作，作为重点和关键任务来安排与部署。

2012 年

辽宁省教育厅为贯彻落实《国家中长期教育改革和发展规划纲要（2010—2020 年）》《辽宁省中长期教育改革和发展规划纲要（2010—2020 年）》，根据《辽宁省国民经济和社会发展第十二个五年规划纲要》和辽宁省教育事业改革与发展的实际，制定并印发《辽宁教育事业发展"十二五"规划》。

2012 年 1 月

辽宁省教育厅印发《关于进一步加强全省中小学师德师风建设的意见》（辽教发〔2012〕2 号）。同年，印发《关于表彰 2012 年辽宁省中小学师德标兵的决定》（辽教发〔2012〕223 号），进一步促进了广大教师爱岗敬业、教书育人、重德养德良好风气的形成，营造了尊师重教的良好社会氛围。

2012 年 2 月

辽宁省教育厅印发《辽宁省普通高中学生学业水平考试考查科目指导纲要》（辽教发〔2012〕10 号），为做好全省普通高中学业水平考试考查工作提供了规范。

2012 年 2 月

为全面落实沈阳经济区一体化发展战略部署，进一步促进沈阳经济区教育领域合作与发展，全省开始实施沈阳经济区高中阶段优质资源共享工程，选择辽宁省实验中学等 11 所竞争力较强、特色明显的重点高中进行跨市招生试点。

2012 年 2 月

辽宁省教育厅发布通报，经各市教育局申报，全省共有 46 所省级示范性普通高中接受了复检，有 35 所学校复检合格，有 9 所学校限期整改，有 2 所学校被黄牌警告。

2012 年 2 月

辽宁省教育厅、辽宁省发展改革委、辽宁省审计厅、辽宁省物价局转发《教育部　国家发展改革委　审计署关于印发〈关于治理义务教育阶段择校乱收费的八条措施〉的通知》（辽教发〔2012〕21 号），要求各市结合本地区实际，制定切实可行的治理工作实施方案，推动治理工作取得成效。

2012 年 2 月

中共辽宁省委、辽宁省人民政府转发省教育厅等部门《关于进一步规范中小学办学行为减轻学生过重课业负担的意见》（辽委办发〔2012〕11 号），正式启动全省规范中小学办学行为工作。

2012 年 2 月

辽宁省教育厅、辽宁省监察厅、辽宁省政府纠风办联合印发《辽宁省规范中小学办学行为的规定》（辽教发〔2012〕22 号），对 12 个方面问题做出明确规定，进一步推动全省规范办学行为的落实。

2012 年 4 月

辽宁省教育厅在沈阳召开全省普通高中校长会议。会上，省教育厅与 139 所省级示范性普通高中签订了"辽宁省示范性普通高中规范办学行为减轻学生过重课业负担"责任状，确保全省示范性普通高中各项办学行为落实到位。

2012 年 4 月

辽宁省教育厅印发《关于印发治理义务教育阶段择校乱收费实施方案的通知》（辽教发〔2012〕59 号），提出了治理义务教育阶段择校乱收费的八项主要任务。

2012 年 5 月

辽宁省教育厅印发《关于做好中小学骨干教师队伍建设的意见》（辽教发〔2012〕73 号）。同年，印发《辽宁省中小学省级骨干教师培训方案》（辽教发〔2012〕78 号）、《辽宁省中小学教学名师成长计划实施方案》（辽教发〔2012〕82 号），进一步促进了全省中小学教师队伍建设。

2012 年 5 月

辽宁省教育厅、辽宁省财政厅联合下发《关于公布辽宁省普通本科高等学校周末向中小学生开放部分设施实施方案的通知》（辽教发〔2012〕89 号），组织省内首批 20 所高校在周末向中小学生开放 40 余个校内设施，为中小学生提供丰富的校外活动场所。

2012 年 5 月

为营造有利于幼儿健康成长的良好社会环境，推进学前教育科学发展，防止和纠正学前教育"小学化"问题，按照教育部的要求，辽宁省教育厅与沈阳市教育局联合启动了以"快乐生活、健康成长"为主题的学前教育宣传月活动。

2012 年 6 月

辽宁省财政厅、辽宁省教育厅发布《关于加大财政投入支持特殊教育发展的通知》（辽财教〔2012〕472 号），以实施特殊教育学校专用教室建设项目为核心，在满足特殊教育学校基本教育教学和康复训练需要的基础上，从提高教师待遇、保障学校运行和健全助学体系等方面入手，进一步推进特殊教育发展。

2012 年 7 月

为进一步加强学前教育管理，规范办园行为，满足广大人民群众对广覆盖、保基本、有质量的学前教育需求，针对城乡大量存在的小规模幼儿园办园条件不达标等问题，辽宁省教育厅等八门印发了《辽宁省小规模幼儿园暂行管理规定（试行）》（辽教发〔2012〕148 号），对收托幼儿总数 30—75 人、园舍建筑面积 200—900 平方米的小规模幼儿园在园舍、设施、玩教具、人员配备等方面提出了基本要求。

2012 年 7 月

辽宁省财政厅、辽宁省教育厅出台《辽宁省贫困偏远地区农村学前教育巡回支教试点工作实施方案》，在丹东市宽甸县、铁岭市铁岭县开展国家支持中西部农村偏远地区学前教育巡回支教试点工作。

2012 年 7 月

为贯彻落实《财政部、教育部关于加大财政投入支持学前教育发展的通知》（财教〔2011〕405 号）等相关文件精神，进一步扩大学前教育资源，辽宁省财政厅、辽宁省教育厅印发《关于加大财政投入支持学前教育发展的通知》（辽财教〔2012〕577 号），就加大财政投入支持学前教育的相关事项做出明确要求。

2012 年 8 月

为贯彻落实《国务院关于当前发展学前教育的若干意见》（国发〔2010〕40 号）和全省教育工作会议精神，有效解决学前教育资源不足问题，满足人民群众对学前教育数量和质量的需求，辽宁省教育厅制发《辽宁省学前教育三年行动计划（2011—2013 年）》（辽教发〔2012〕155 号），提出了全省学前教育改革与发展的总体目标、思路和具体任务。

2012 年 9 月

辽宁省教育厅印发《关于做好普通高中家庭经济困难学生资助工作的通知》（辽教发〔2012〕180 号），要求全省普通高中国家助学金资助人数城市学校按在校生总数的 10%，农村学校按在校生总数的 15% 比例下达。

2012 年 9 月

辽宁省教育厅印发《关于表彰全省中小学德育工作先进集体和先进个人（优秀班主任）的决定》（辽教发〔2012〕192 号），表彰了全省 141 个德育工作先进单位、204 名德育工作先进个人和 201 名优秀班主任。

2012 年 10 月

为加强对全省学前教育的信息管理，辽宁省启动"学前教育管理信息系统"建设工程。

2012 年 11 月

为进一步加强全省幼儿园园长教师队伍建设，辽宁省教育厅出台《辽宁省幼儿园省级骨干园长教师培养培训实施方案》（辽教发〔2012〕214 号），明确了培养培训的总体目标、培训对象、培训内容和方式以及具体实施方法等。

2012 年 11 月

辽宁省教育厅、辽宁省财政厅发布《关于实施特殊教育学生生活费补助政策的通知》（辽教发〔2012〕226 号），从 2012 年秋季学期开始，全省（不含大连）特殊教育学校的在校学生享受生活补助政策，特殊教育学生在校期间由学校免费提供就餐、洗理、被褥和校服等。

2012 年 12 月

辽宁省教育厅印发《关于开展义务教育课程改革示范学校创建工作的通知》（辽教发〔2012〕245 号），启动全省义务教育课程改革示范学校建设工作。

2012 年 12 月

根据《国务院办公厅转发教育部等部门关于进一步做好进城务工人员随迁子女接受义务教育后在当地参加升学考试工作意见的通知》（国办发〔2012〕46 号）精神，辽宁省人民政府办公厅转发辽宁省教育厅、辽宁省发展改革委、辽宁省公安厅、辽宁省人力资源社会保障厅联合发布的《关于进城务工人员随迁子女在辽宁省参加中考和高考实施方案（试行）的通知》（辽政办发〔2012〕68 号），要求进城务工人员随迁子女在就学所在地参加中考，凡在辽宁省高中阶段有 3 年学籍，并有完整学习经历的进城务工人员随迁子女均可在辽宁省报名参加高考。

2013 年 1 月

为加强幼儿园收费管理工作，规范幼儿园收费行为，辽宁省物价局制定《辽宁省幼儿园收费管理暂行办法》（辽价发〔2013〕3 号），规定了全省公办、民办幼儿园收费标准的制定与调整办法。

2013 年 2 月

为大力发展学前教育事业，严把幼儿园教师队伍"入口关"，结合全省幼儿园教师队伍的现状，辽宁省教育厅印发《辽宁省幼儿园教师资格认定实践能力测试实施办法》（辽教发〔2013〕40 号），同时提出辽宁省幼儿园教师资格认定实践能力测试标准。

2013 年 3 月

辽宁省教育厅、辽宁省发展和改革委员会、辽宁省财政厅、辽宁省体育局联合印发《辽宁省加强学校体育三年行动计划（2013—2015）》（辽教发〔2013〕47 号），进一步推动学校体育工作质量的提高。

2013 年 4 月

辽宁省教育厅组成专家组对各市申报的第二批 14 所"辽宁省特色普通高中实验学校"进行了实地指导评估，认定沈阳市第五中学等 12 所学校为"辽宁省特色普通高中实验学校"。

2013 年 5 月

为切实做好教育部颁发的《3—6 岁儿童学习与发展指南》的学习、宣传、贯彻和落实工作，促进儿童健康成长，辽宁省教育厅印发《关于举办〈3—6 岁儿童学习与发展指南〉省级骨干培训班的通知》（辽教办电〔2013〕51号），在沈阳市举办学习贯彻落实《指南》省级骨干培训班，并与国家同步启动以"学习《指南》，了解孩子"为主题的2013年学前教育宣传月活动，全省550多人参加启动仪式。

2013 年 5 月

为加快推进教育信息化建设进程，提高教育信息化应用水平，辽宁省教育厅印发《辽宁省教育信息化三年行动计划（2013—2015年）》（辽教发〔2013〕110号），明确提出了全省教育信息化的发展目标、主要任务以及保障措施。

2013 年 6 月

辽宁省教育厅下发《关于进一步加强义务教育学校标准化建设工作的通知（辽教发〔2013〕97号）》，进一步加快推进全省义务教育学校标准化建设工作。

2013 年 6 月

辽宁省教育厅、辽宁省政府纠风办组成督查组，采取实地检查与随机访谈等方式，对全省规范中小学办学行为工作情况进行了专项督查，对督查过程中发现的4所违规学校、违规事实及主要责任人进行了全省通报。同时下发《关于重申禁止炒作高考中考考试成绩的通知》（辽教电〔2013〕22号），要求各级教育行政部门和学校不得以任何形式宣传高考中考成绩与所谓的高考、中考"状元"。

2013 年 7 月

辽宁省教育厅印发《关于实施全省农村中小学教师素质提升计划的意见》（辽教发〔2013〕148号）。

2013 年 7 月

按照《教育部办公厅、财政部办公厅关于做好2013年中西部农村偏远地区开展学前教育巡回支教试点工作的通知》（教师厅〔2013〕4号）要求，辽宁省教育厅与财政厅联合印发《辽宁省2013年农村学前教育巡回支教试点工作实施方案》（辽教发〔2013〕151号），组织试点县开展试点工作。在宽甸县、铁岭县继续试点工作基础上，新增岫岩县、阜蒙县和喀左县为巡回支教试点县，满足农村偏远地区幼儿就近、就便入园需求，创立农村幼儿有效接受基本学前教育的新模式。

2013 年 8 月

为培养普通高中学生科技创新能力，辽宁省教育厅会同共青团辽宁省委和辽宁省科协联合在沈阳航空航天大学举办了2013年辽宁省中学生航模夏令营，全省有共60名普通高中学生参加了此次夏令营活动。

2013 年 9 月

为加强全省普通高中学生社团工作，辽宁省教育厅下发《关于加强普通高中学生社团工作的实施意见》（辽教发〔2013〕174 号），并在大连市召开了辽宁省普通高中学生社团活动现场会，各市教育局、教师进修学院相关负责人、各普通高中校长共 500 余人现场观摩了大连市第 2 中学与大连市第 24 中学的学生社团活动。

2013 年 9 月至 11 月

辽宁省教育厅组成 3 个复检专家组对各市报送的 47 所省级示范性普通高中进行了全面深入细致的检查，有 35 所学校复检合格，有 12 所学校限期整改。

2013 年 9 月

辽宁省教育厅在阜新召开了辽宁省义务教育学校课程教学改革暨信息化教学应用现场会，并开展了全省义务教育课程改革示范校评估验收工作。

2013 年 10 月

农村初中教师素质提升培训班开班，标志着农村中小学教师素质提升计划正式启动。

2013 年 10 月

按照《教育部关于开展"倾听孩子，共同成长"主题征文活动相关事宜的通知》（教基二厅函〔2013〕15 号），辽宁省教育厅办公室印发《关于开展"倾听孩子，共同成长"主题征文活动的通知》（辽教办发〔2013〕198 号），向全省幼儿园教师和家长征集学《指南》、用《指南》的切身感受和经验体会，组织专家评选优秀征文并印发《征文集》。

2013 年 11 月

辽宁省教育厅、辽宁省政府纠风办印发《关于治理公办中小学校及在职教师有偿补课、向学生家庭摊派和接受学生及家长财物行为的实施方案》（辽教发〔2013〕203 号），明令禁止公办中小学校及在职教师有偿补课行为。

2013 年 12 月

为全面推进幼儿园标准化建设，促进全省学前教育有质量规范发展，辽宁省教育厅、辽宁省卫生和计划生育委员会印发《辽宁省幼儿园评估定级标准》（辽教发〔2013〕234号），对全省各级各类幼儿园实施定级管理，督促其改善办园条件和提高保教质量。

2013年12月

按照辽宁省教育厅《关于做好辽宁省教学点数字教育资源全覆盖项目设备安装、验收有关工作的通知》的要求，截至2013年底，全省教学点数字教育资源全覆盖项目建设工作顺利完成。

2014年1月

辽宁省教育厅印发《关于开展中小学在职教师从事有偿补课专项整治行动的紧急通知》（辽教电〔2014〕1号），明确指出，对于在课堂上故意不完成教育教学任务，从事有偿补课的教师，要依据《教师法》给予行政处分或解聘。

2014年2月

为贯彻落实《教育部关于印发〈中小学生学籍管理办法〉的通知》（教基一〔2013〕7号）要求，辽宁省教育厅印发《辽宁省义务教育阶段学生学籍管理办法》（辽教发〔2014〕21号），规定学生学籍采用信息化方式管理，保障适龄儿童、少年接受义务教育的权利。

2014年2月

辽宁省教育厅印发《关于开展2014年基础教育省级教学成果奖评审工作的通知》（辽教办发〔2014〕17号），开展2014年辽宁省基础教育教学成果遴选推荐工作，从报送的181项中遴选出103项，将38项推荐到教育部参评，4项获国家级教学成果二等奖。

2014年3月至4月

辽宁省教育厅组成专家组对各市申报的第三批16所"辽宁省特色普通高中实验学校"进行了实地指导评估，认定沈阳市第一中学等12所学校为"辽宁省特色普通高中实验学校"。

2014年3月

为进一步贯彻落实教育部颁发的《3—6岁儿童学习与发展指南》精神，辽宁省教育厅确定大连和锦州2个市以及沈阳市和平区等13个县（市、区）为贯彻《指南》实验区，制定并实施《〈3—6岁儿童学习与发展指南〉省级实验区工作方案》，推进全省科学育儿质量的提高。

2014 年 4 月

为进一步推进幼儿园标准化建设，提高幼儿园保育教育质量，辽宁省教育厅印发《辽宁省幼儿园装备管理细则》《辽宁省幼儿园装备标准》和《辽宁省幼儿园装备规范》（辽教发〔2014〕58 号）。

2014 年 5 月

辽宁省教育厅、辽宁省财政厅、辽宁省民政厅联合印发《关于对就读普通高中孤儿学生实施免费教育的通知》（辽教发〔2014〕64 号），要求全省公办普通高中应积极接收符合条件的城乡孤儿学生入学，并从 2014 年秋季学期开始，一律免收学费和住宿费，所需资金由省财政全额承担。

2014 年 5 月

辽宁省财政厅、辽宁省教育厅联合印发《关于扶持一般普通高中质量提升的通知》，遴选 48 所一般普通高中，安排 5800 万元专项资金，对其进行标准化改造和配置，并推动一般普通高中内涵发展。

2014 年 5 月

为普及科学育儿知识和方法，防止学前教育"小学化"倾向，辽宁省教育厅在铁岭市启动了以"指南——让科学育儿知识走进千家万户"为主题的 2014 年学前教育宣传月活动，向 14 个市免费发放主题海报、《指南》绘本、《指南》挂图、家长宣传册近一万套，赠阅《"倾听孩子 共同成长"获奖作品集》一万册。

2014 年 6 月

中共辽宁省委宣传部、辽宁省教育厅联合印发《关于严禁炒作高考中考考试成绩的通知》（辽教电〔2014〕26 号），规范全省中小学办学行为，有效制止炒作高考中考考试成绩的行为。

2014 年 6 月

为落实立德树人根本任务，辽宁省教育厅印发《关于培育和践行社会主义核心价值观进一步加强中小学德育工作的实施意见》的通知（辽教发〔2014〕78 号）。

2014 年 6 月

为提升农村乡镇幼儿园教师科学保教能力和综合素质，辽宁省教育厅印发《关于开展农村乡镇中心幼儿园教师培训的通知》（辽教办发〔2014〕120 号），提出完成 1000 名农村乡镇幼儿园教师培训计划，分 5 期完成。

2014 年 7 月

辽宁省教育厅、辽宁省发展改革委和辽宁省财政厅联合印发《关于全面改善贫困地区义务教育薄弱学校基本办学条件的实施方案》（辽教发〔2014〕111号）。同年，辽宁省教育厅印发《关于编制全面改善农村地区义务教育薄弱学校基本办学条件项目规划（2014—2018年）的通知》（辽教发〔2014〕164号），开始在全省范围内全面开展薄弱学校改造工作。

2014 年 9 月

辽宁省教育厅印发《关于进一步加强中小学心理健康教育工作的指导意见（试行）》（辽教发〔2014〕125号），进一步加强全省中小学德育工作和心理健康教育工作。

2014 年 10 月

辽宁省人民政府办公厅转发辽宁省教育厅、辽宁省编委办、辽宁省发展改革委、辽宁省民政厅、辽宁省财政厅、辽宁省人力资源和社会保障厅、辽宁省卫生计生委、辽宁省残联《辽宁省特殊教育提升计划实施方案（2014—2016年）》（辽政办发〔2014〕47号），推进全纳教育，构建以特殊教育学校（资源中心）为骨干、以随班就读为主体、以送教上门为补充，具有辽宁特色的特殊教育工作体系。

2014 年 12 月

辽宁省教育厅组织专家组，以《辽宁省幼儿园评估定级标准》为依据，对各市申报的五星级幼儿园进行评估验收，全省共有292所幼儿园被评定为"辽宁省五星级幼儿园"。

2015 年 2 月

辽宁省人民政府办公厅下发《关于报送全面改善农村义务教育薄弱学校基本办学条件项目规划的函》（辽政办函〔2015〕2号），要求项目学校在年度执行中逐校落实底线要求，把"补短板"、满足基本需要放在首位，稳步推进全面改善农村地区义务教育薄弱学校基本办学条件项目执行进度，落实全面改薄的目标任务。

2015 年 2 月

辽宁省教育厅出台《关于完善义务教育免试就近入学制度 试行学区制和九年一贯对口招生的指导意见》（辽教发〔2015〕19号），制定了2015年中小学招生工作方案，推动各地合理划定学区，有序组织升学。

2015 年 3 月

辽宁省教育厅印发《关于治理中小学教育"乱收费、乱办班、乱补课"的实施意见》（辽教发〔2015〕24 号），进一步规范了中小学教师职业行为，切实减轻学生过重的课业负担，有力推进素质教育。

2015 年 3 月

辽宁省教育厅出台《"学习故事"省级试点实验工作方案》（辽教发〔2015〕35 号），遴选"学习故事"试点幼儿园，以"学习故事"为载体，引导幼儿园真正"关注幼儿学习与发展的整体性、尊重幼儿个体发展差异，理解幼儿的学习特点、重视幼儿的学习品质"，促进幼儿快乐学习、健康成长。

2015 年 3 月至 4 月

辽宁省教育厅组成专家组对各市上报的 18 所特色普通高中实验学校进行了实地指导评估，认定沈阳四中等 11 所学校为"辽宁省普通高中特色实验校"。

2015 年 4 月

辽宁省财政厅和辽宁省教育厅联合印发《辽宁省农村义务教育薄弱学校改造补助资金管理办法》，保障全面改薄工作的有效实施。

2015 年 4 月

辽宁省教育厅下发《关于加强市、县两级学生资助管理机构建设的通知》（辽教发〔2015〕45 号），明确和强化市、县两级学生资助工作责任，提高学生资助和教育救助能力和水平。

2015 年 5 月

辽宁省教育厅下发《关于做好 2015 年中小学招生和初中生毕业升学考试工作的通知》（辽教发〔2015〕74 号），规定普通高中（含民办高中）招生要全部列入计划，并向社会公布，严禁以择校生、借读生、自费生、复读生等名义高收费招收学生。

2015 年 5 月

辽宁省教育厅在大连市召开全省义务教育学校课程教学改革工作会议，总结了近年来全省在推进义务教育课程建设、课堂教学改革等方面取得的成绩，分析所面临的新困惑、新形势和新挑战，对进一步推进课程教学改革、提升教育教学质量、切实减轻学生过重的课业负担、大力实施素质教育进行了全面部署。

2015 年 5 月

按照《教育部、国家发展改革委、财政部关于实施第二期学前教育三年行动计划的意见》总体要求，提高全省学前教育基本公共服务水平，在总结实施《学前教育三年行动计划(2011—2013年)》的基础上，辽宁省教育厅等五部门印发《辽宁省第二期学前教育三年行动计划（2014—2016年）》（辽教发〔2015〕73号），制定了新三年学前教育发展的总体目标、重点任务和项目工程。

2015 年 5 月

为稳步推进考试招生制度改革工作，辽宁省教育厅在辽宁省实验中学举办全省各市教育局分管局长、科（处）长和415所普通高中校长培训班，并组织省内部分普通高中校长、教研员和教育管理者赴山东、上海和浙江学习兄弟省份开展普通高中学业水平考试和综合素质评价的工作经验。

2015 年 5 月

辽宁省教育厅印发《辽宁省中小学教师信息技术应用能力提升工程实施方案》（辽教发〔2015〕82号），提出建立教师信息技术应用能力测评等级标准，以评促学，以评促用，激发教师持续学习动力。

2015 年 6 月

为全面提升普通高中办学质量和水平，辽宁省教育厅下发《关于评选普通高中教育教学改革典型学校的通知》（辽教办发〔2015〕61号），并组织专家对各市上报材料进行了评审，评选出沈阳市二十中学等10所普通高中教育教学改革典型学校。

2015 年 7 月

为深入贯彻落实中央城镇化工作会议和《国务院关于进一步推进户籍制度改革的意见》（国发〔2014〕25号）精神，加快推进全省城镇化发展，辽宁省人民政府出台《关于进一步推进户籍制度改革的意见》（辽政发〔2015〕18号），坚持以流入地为主、以公办学校为主的"两为主"政策，确保流动人口子女接受义务教育，并在就学地参加中考和高考。

2015 年 8 月

辽宁省教育厅印发《关于组织实施普通学校随班就读资源教室建设项目的通知》（辽教发〔2015〕130号），按照"梯度推进，均衡发展"的原则，2015

年统筹使用中央资金，有针对性地解决特殊教育发展过程中的突出困难和问题，重点支持招收较多残疾学生随班就读（含特教附设班）的义务教育阶段普通中小学实施资源教室项目建设工作。

2015 年 9 月

辽宁省教育厅组成专家组，完成 34 所未通过复检的省级示范性普通高中复检验收工作，确定盘锦市高级中学等 24 所学校为复检合格学校。

2015 年 9 月

辽宁省教育厅组织专家组对 13 所一般普通高中质量提升项目学校进行跟踪督查，努力提升项目校的办学质量，改善办学条件。

2015 年 9 月

为加强和规范学前教育发展资金管理，提高资金使用效益，根据财政部、教育部印发的《中央财政支持学前教育发展资金管理办法》（财教〔2015〕222 号）及相关规定，辽宁省财政厅会同辽宁省教育厅于联合印发《辽宁省学前教育发展资金管理办法》（辽财教〔2015〕734 号），对加强和完善学前教育资金的投入与管理起到了积极的引导和促进作用。

2015 年 10 月

为进一步加强乡村教师队伍建设，缩小城乡师资水平差距，让每个乡村孩子都能接受公平、有质量的教育，辽宁省人民政府办公厅发布《辽宁省乡村教师支持计划实施方案（2015—2020 年）》（辽政办发〔2015〕82 号），成为率先在全国出台实施办法的省份之一，《光明日报》进行了专题报道，给予了充分肯定。

2015 年 11 月

辽宁省人大常委会将《辽宁省学前教育条例》正式列入年度立法计划。该条例（草案）于 5 月份顺利通过省长办公会议审定，通过省人大常委会第二次审议。

2015 年 11 月

为贯彻落实《国务院关于进一步做好为农民工服务工作的意见》（国发〔2014〕40 号），辽宁省人民政府出台《关于进一步做好为农民工服务工作的实施意见》（辽政发〔2015〕53 号），要求按照农民工随迁子女在校人数拨付教育经费，适度扩大公办学校资源，努力满足农民工随迁子女在公办学校平等接受义务教育的需求。

2015 年 12 月

为贯彻落实《国务院办公厅关于全面加强和改进学校美育工作的意见》（国办发〔2015〕71 号）精神，辽宁省政府办公厅印发《关于加强和改进学校美育工作的实施意见》（辽政办发〔2015〕113 号），扎实推进学校美育改革发展。

2015 年 12 月

辽宁省教育厅协调指导《普通高中教育技术装备管理细则》等 53 个装备标准的研制工作，并下发了《辽宁省普通高中教育技术装备管理细则（试行）》《辽宁省普通高中数学教学仪器配备标准（试行）》（辽教发〔2015〕176 号）等装备标准的通知，促进全省普通高中建设标准化、规范化、科学化。

2015 年 12 月

为贯彻落实《国务院关于加快发展民族教育的决定》（国发〔2015〕46 号）精神，进一步推进全省民族教育加快发展，辽宁省人民政府出台《关于加快发展民族教育的实施意见》（辽政发〔2015〕75 号），提出到 2020 年全省民族教育工作目标和主要任务，包括普及民族团结教育、完善少数民族双语教育、全面提升民族自治县办学水平、提高内地民族班教育管理服务水平、对口支援民族地区发展教育事业等。

2016 年 3 月

辽宁省人民政府印发《关于进一步完善城乡义务教育经费保障机制的实施意见》（辽政发〔2016〕21 号），推动逐步完善城乡义务教育经费保障机制，统筹城乡义务教育资源均衡配置，推动义务教育事业持续健康发展。

2016 年 5 月

辽宁省教育厅、辽宁省财政厅、辽宁省人力资源和社会保障厅、辽宁省残疾人联合会联合印发《关于对义务教育阶段重度残疾儿童少年开展送教上门服务工作的意见》（辽教发〔2016〕46 号），启动对义务教育阶段重度残疾儿童少年开展送教上门服务工作。

2016 年 5 月

辽宁省教育厅召开全省中小学德育工作会议，总结交流经验做法，研究分析形势任务，部署加强全省中小学德育工作。

2016 年 5 月

辽宁省教育厅印发《关于做好贫困地区农村中小学布局规划工作的通知》（辽教发〔2016〕50 号），部署做好贫困地区农村中小学布局规划工作，着力满足贫困地区农村适龄儿童少年就近接受义务教育需求。

2016 年 7 月

辽宁省人民政府印发《关于加强农村留守儿童关爱保护工作的实施意见》（辽政发〔2016〕43 号），部署切实加强农村留守儿童关爱保护工作，依法维护未成年人的合法权益，确保农村留守儿童健康成长。

2016 年 8 月

辽宁省人民政府印发《关于统筹推进县域内城乡义务教育一体化改革发展的实施意见》（辽政发〔2016〕56 号），部署切实推进县域内城乡义务教育一体化改革发展，促进义务教育事业持续健康发展，整体提升义务教育质量和水平。

2016 年 8 月

辽宁省教育厅印发《辽宁省乡村教师素质提升计划（2016—2020 年）》（辽教发〔2016〕77 号），启动实施乡村教师素质提升计划，加强乡村教师队伍建设。

2017 年 3 月

辽宁省教育厅印发《关于加强义务教育校本课程建设的指导意见》（辽教发〔2017〕17 号），推动提高义务教育校本课程建设水平。

2017 年 8 月

辽宁省教育厅、辽宁省财政厅转发教育部财政部《关于全面实施城乡义务教育教科书免费提供和做好部分免费教科书循环使用工作的意见》（辽教发〔2017〕52 号），启动实施城乡义务教育教科书免费提供工作，并部署做好部分免费教科书循环使用工作。

2017 年 8 月

辽宁省教育厅印发《关于进一步推进高中阶段学校考试招生制度改革的实施意见》（辽教发〔2017〕55 号），推动改进初中学业水平考试、综合素质评价、高中阶段学校考试招生工作。

2017 年 9 月

辽宁省教育厅转发《教育部关于印发〈中小学德育工作指南〉的通知》（辽教发〔2017〕56 号），推动增强中小学德育工作的时代性、科学性和实效性。

2017 年 11 月

辽宁省教育厅转发《教育部关于印发〈中小学综合实践活动课程指导纲要〉的通知》（辽教发〔2017〕73 号），加强对综合实践活动课程的精心组织、整体设计和综合实施，不断提升课程实施水平。

2017 年 12 月

辽宁省教育厅、辽宁省机构编制委员会办公室、辽宁省发展和改革委员会、辽宁省财政厅、辽宁省人力资源和社会保障厅、辽宁省住房和城乡建设厅、辽宁省卫生和计划生育委员会联合印发《辽宁省第三期学前教育行动计划（2017—2020 年）》（辽教发〔2017〕77 号），启动实施第三期学前教育行动计划，进一步提升学前教育公共服务水平。

2017 年 12 月

中共辽宁省委办公厅、辽宁省人民政府办公厅联合印发《关于规范中小学校办学行为和教师教育教学行为的意见》（辽委办发〔2017〕93 号），全面部署进一步规范中小学校办学行为和教师教育教学行为，推动基础教育持续健康发展。

2017 年 12 月

辽宁省教育厅、辽宁省发展和改革委员会、辽宁省公安厅、辽宁省民政厅、辽宁省司法厅、辽宁省财政厅、辽宁省人力资源和社会保障厅、辽宁省工商行政管理局、辽宁省扶贫开发领导小组办公室、共青团辽宁省委员会、辽宁省妇女联合会、辽宁省残疾人联合会联合印发《关于进一步加强控辍保学提高义务教育巩固水平的通知》（辽教发〔2017〕87 号），推动加强控辍保学工作，提高义务教育巩固水平。

2017 年 12 月

辽宁省教育厅、辽宁省机构编制委员会办公室、辽宁省发展和改革委员会、辽宁省民政厅、辽宁省财政厅、辽宁省人力资源和社会保障厅、辽宁省卫生和计划生育委员会、辽宁省残疾人联合会联合印发《辽宁省第二期特殊教育提升计划实施方案（2017—2020 年）》（辽教发〔2017〕89 号），启动实施第二期特殊教育提升计划，进一步提升特殊教育水平。

2017 年 12 月

辽宁省教育厅转发《教育部关于印发〈义务教育学校管理标准〉的通知》（辽教发〔2017〕91 号），全面推动抓好贯彻落实，整体提升义务教育学校管理水平。

2018 年 3 月

辽宁省教育厅印发《关于扎实推进城乡义务教育一体化发展和消除大班额工作的通知》（辽教发〔2018〕19 号），部署扎实推进城乡义务教育一体化发展，切实解决大班额问题。

2018 年 4 月

辽宁省教育厅、辽宁省委统战部、辽宁省民族和宗教事务委员会、辽宁省发展和改革委员会、辽宁省财政厅、辽宁省人力资源和社会保障厅联合转发《教育部等六部门关于进一步办好内地西藏班新疆班的意见》（辽教发〔2018〕23 号），部署落实办好内地西藏班新疆班工作。

2018 年 4 月

辽宁省人民政府教育督导室、辽宁省教育厅联合印发《辽宁省义务教育优质均衡发展县（市、区）督导评估实施办法》（辽政教督室〔2018〕2 号），推动义务教育从基本均衡向优质均衡发展。

2018 年 4 月

辽宁省教育厅印发《关于推进义务教育办学模式改革促进城乡义务教育一体化发展的指导意见》（辽教发〔2018〕32 号），指导推进义务教育办学模式改革，促进城乡义务教育一体化发展，进一步扩大优质教育资源，推进义务教育均衡发展。

2018 年 5 月

辽宁省教育厅印发《关于深入贯彻落实〈关于规范中小学校办学行为和教师教育教学行为的意见〉的通知》（辽教发〔2018〕39 号），部署加强学校管理、推进网络资源建设、做好课后服务工作，进一步严格规范学校管理，减轻中小学生课外负担。

2018 年 5 月

辽宁省教育厅印发《关于进一步加强普通中小学择校问题治理工作的通知》（辽教发〔2018〕40 号），部署加强教育治理，解决择校问题，切实维护普通中小学正常招生秩序。

2018 年 7 月

辽宁省教育厅、辽宁省民族和宗教事务委员会联合印发《关于创建辽宁省中小学民族团结教育基地学校的通知》（辽教发〔2018〕60 号），启动开展中小学民族团结教育基地学校创建活动。

2018 年 7 月

辽宁省教育厅印发《辽宁省示范性普通高级中学管理办法》（辽教发〔2018〕63 号），完善省示范性普通高中动态管理机制，引导普通高中深化改革与发展。

2018 年 8 月

辽宁省教育厅印发《辽宁省普通高中课程改革实施方案》（辽教发〔2018〕65 号），统筹谋划普通高中课程改革与高考综合改革，构建充满活力的普通高中课程体系和适应新高考新课改的教学管理模式，建立促进学生个性化发展的教育教学机制。

2018 年 11 月

辽宁省教育厅印发《辽宁省初中学业水平考试实施办法（试行）》（辽教发〔2018〕82 号），指导做好初中学业水平考试实施工作。

2018 年 12 月

辽宁省人民政府办公厅印发《关于全面加强乡村小规模学校和乡镇寄宿制学校建设的实施意见》（辽政办发〔2018〕53 号），启动实施全面加强建设工作，切实解决乡村小规模学校和乡镇寄宿制学校发展滞后问题，努力办好公平优质的农村义务教育。

2019 年 2 月

辽宁省教育厅、辽宁省发展和改革委员会联合印发《关于切实做好中小学生课后服务工作的通知》（辽教发〔2019〕7 号），部署全面推进中小学生课后服务工作常态化、规范化，满足学生和家长不同需求。

2019 年 2 月

辽宁省教育厅印发《辽宁省幼儿园课程实施意见（试行）》（辽教发〔2019〕8 号），部署落实幼儿园课程实施要求，持续推进学前教育质量提升。

2019 年 3 月

辽宁省人民政府办公厅印发《辽宁省进一步推进县域内城乡义务教育一体化发展实施方案（2019—2022 年）》（辽政办发〔2019〕10 号），部署进一步推进全省县域内城乡义务教育一体化改革发展，整体提升义务教育质量和水平。

2019 年 4 月

辽宁省教育厅转发《教育部关于印发〈加强和改进中小学中华优秀传统文化教育工作方案〉的通知》（辽教发〔2019〕40 号），推动中小学中华优秀传统文化教育常态化实施，提高德育的针对性、实效性。

2019 年 4 月

辽宁省教育厅、辽宁省发展和改革委员会、辽宁省财政厅、辽宁省农业农村厅、辽宁省卫生健康委员会、辽宁省市场监督管理局联合印发《辽宁省农村义务教育学生营养改善计划工作方案》（辽教发〔2019〕52 号），确定在全省 15 个重点扶贫县全面实施农村义务教育学生营养改善计划。

2019 年 5 月

辽宁省教育厅、辽宁省发展和改革委员会、辽宁省公安厅、辽宁省民政厅、辽宁省财政厅、辽宁省人力资源和社会保障厅、辽宁省市场监督管理局、辽宁省广播电视局、辽宁省妇女联合会联合印发《辽宁省落实教育部等九部门关于中小学生减负措施实施方案》（辽教发〔2019〕59 号），部署切实减轻违背教育教学规律、有损中小学生身心健康的过重学业负担以及学生家庭过高的课外消费压力，促进中小学健康成长。

2019 年 5 月

辽宁省教育厅印发《关于切实做好中小学生课后服务工作的补充通知》（辽教发〔2019〕70 号），部署进一步做好中小学生课后服务工作。

2019 年 5 月

辽宁省教育厅印发《辽宁省普通高中学业水平考试实施方案》（辽教发〔2019〕71 号），部署实施普通高中学业水平考试工作。

2019 年 6 月 3 日

辽宁省教育厅、辽宁省住房和城乡建设厅联合印发《关于加快推进城镇小区配套幼儿园治理工作的通知》（辽教发〔2019〕82 号），推动各地稳妥有序做好城镇小区配套幼儿园治理工作。

2019 年 6 月

辽宁省教育厅、辽宁省发展和改革委员会、辽宁省财政厅联合印发《辽宁省普惠性民办幼儿园认定及管理办法》（辽教发〔2019〕84 号），促进和保障学前教育事业健康发展，引导和鼓励民办幼儿园提供公益普惠、安全、有质量的学前教育服务。

2019 年 11 月

中共辽宁省委、辽宁省人民政府印发《关于新时代基础教育高质量发展的实施意见》（辽委发〔2019〕29 号），部署推进新时代基础教育高质量发展。

2019 年 11 月

辽宁省委教育工委、省教育厅召开全省基础教育工作会议，传达了省委、省政府主要领导有关批示，总结了全省基础教育改革发展情况，部署推动全省基础教育创新发展。

2019 年 12 月

辽宁省教育厅、中共辽宁省委机构编制委员会办公室、辽宁省发展和改革委员会、辽宁省民政厅、辽宁省财政厅、辽宁省自然资源厅、辽宁省住房和城乡建设厅联合印发《辽宁省城镇居住小区配套幼儿园建设管理办法》（辽教发〔2019〕101 号），建立健全城镇居住小区配套幼儿园建设管理机制，推动完善学前教育公共服务体系，保障适龄幼儿就近接受普惠、有质量的学前教育。

2019 年 12 月

辽宁省教育厅印发《关于加强中小学招生入学管理工作的实施意见》（辽教发〔2019〕106 号），部署加强中小学招生入学管理工作，切实维护学生合法权益，切实保障招生入学机会公开、程序公开、结果公开。

2020 年 6 月

辽宁省教育厅印发《关于加强和改进新时代基础教育教研工作的实施意见》（辽教发〔2020〕11 号），部署创新基础教育教研工作，推动基础教育高质量发展。

2020 年 7 月

辽宁省教育厅召开全省新时代基础教育高质量发展推进会，总结交流有关工作贯彻落实情况，统筹推进重点难点工作，推动全省基础教育高质量发展。

2020 年 8 月

辽宁省教育厅、辽宁省扶贫办、中共辽宁省委统战部、辽宁省发展和改革委员会、辽宁省公安厅、辽宁省民政厅、辽宁省司法厅、辽宁省财政厅、辽宁省人力资源和社会保障厅、辽宁省卫生健康委员会联合转发《教育部等十部门〈关于进一步加强控辍保学工作健全义务教育有保障长效机制的若干意见〉的通知》（辽教发〔2020〕22 号），部署进一步加强控辍保学工作，健全义务教育有保障长效机制。

2020 年 10 月

辽宁省委教育工委、省教育厅召开全省基础教育重点工作推进会议，部署2020 年第四季度重点工作，确保基础教育全年各项工作如期完成，为"十四五"高起点开局奠定坚实基础。

2020 年 11 月

辽宁省教育厅印发《关于辽宁省义务教育阶段学生作业管理"十要求"的通知》（辽教发〔2020〕33 号），部署加强义务教育阶段学生作业管理，减轻中小学生过重课业负担。

后　记

　　在"十四五"的开局之年，总结梳理"十三五"期间全省基础教育改革发展的成就与经验，理性判断现代化进程中基础教育改革与发展过程中的主要问题以及未来五年的发展趋势及工作重点，是做好"十四五"教育战略、政策研究和宏观决策服务的基础。2019年11月，辽宁教育学院组建课题组启动了专题研究工作，旨在系统总结2016—2020年全省基础教育事业发展情况，明确全省基础教育改革发展的优势与不足，厘清基础教育在现代化建设关键阶段的发展脉络，为基础教育高质量发展奠定基础，为经济社会高质量发展和现代化建设提供人才和智力支撑。

　　本成果包括绪论、七章正文和一个附录。"绪论"概括阐述了"十三五"期间辽宁基础教育发展的总体目标和主要工作着力点，厘清现代化进程中基础教育工作的基本思路和改革发展脉络。第一章为现代化进程中基础教育事业发展的综合篇，分析辽宁基础教育事业在"十三五"期间所取得的主要成就和比较优势。第二章至第七章为基础教育各阶段、各关键环节和关键领域改革发展的专题篇，梳理、提炼了学前教育普及普惠与规范发展、义务教育均衡发展、普通高中教育优质特色发展、特殊教育和民族教育发展、基础教育课程改革与素质教育、办学行为规范和"双减"等方面的工作思路、主要举措和成效。这部分内容注重现代化建设相关政策、实践素材的收集整理，尽可能从不同方面展现工作主线、发展脉络与取得的成就，同时客观分析了现代化进程中基础教育改革发展的主要问题和不足，并从经济社会发展全局、现代化建设大局、基础教育自身发展趋势等维度，对未来几年全省基础教育改革与发展的工作重点做了基本研判，提出了建议。最后一部分为附录，按 2011—2020 年的时间序列，列举了辽宁省委、省政府、省教育厅以及省级行政部门联合出台的各类有关基础教育的政策文件，并简述了十年间在全省基础教育领域有影响的重大事件。

本成果是集体智慧的结晶。课题主持人孟宪彬对课题的整体研究思路、具体组织实施和本书的总体框架设计等给予了充分指导。李潮海、徐文娜负责最后统稿。各位作者多次讨论、修改并写作完成。各章节执笔人是：

绪论：孟宪彬、李潮海

第一章：孟宪彬、李卓、李潮海、徐文娜、郎佳

第二章：李卓

第三章：李潮海、褚辉、李若晴

第四章：徐文娜、李若晴

第五章：郎佳

第六章：贾苏、李若晴

第七章：郭宏艳、褚辉

附录：褚辉、李卓

本书在研究和写作过程中参阅了政府职能部门的工作总结、教育统计数据以及相关研究成果，在此谨向相关单位和原作者表示衷心的感谢！

编者

2022 年 11 月